建立AI時代核心能力！

小學生的 程式設計

基礎入門

前言

　　對現今科技時代的孩子來說，不論對「智慧型手機」、「APP」（Application 的縮寫，即應用程式、應用軟體）有沒有興趣，它們都已是日常生活中「理所當然的存在」。

　　為了因應這股世界潮流，日本小學從 2020 年起，會將「程式設計教育」列為必修課程。我們認為這是能夠更了解科技時代下一切事物的大好機會！

　　程式設計教育的意義，最重要的不在於「了解程式語言或程式設計本身」，而是藉由「理解眼前的機械、軟體或應用程式的運作方式」，從「原來這樣做，就會變成這樣的結果」、「如果這樣做會更好」的想法中，激發出新的需求或改善的點子，這才是最重要的。因為有了這些點子，未來才會創造出更多有趣、更便利性的東西。

　　本書是將 2017 年 1 月起連載於《理解新聞月刊》（每日新聞社）的「程式設計」相關文章，擴增篇幅後所集結而成。才望子（Cybozu）是一間於 1997 年創辦的科技公司，主要致力於為企業提供雲端運算的「群組軟體」（Groupware），目前在日本已被超過 6 萬間公司所使用，美國、中國、東南亞等客戶也與日俱增。

　　本書即是請才望子的軟體工程師用易懂的文字搭配生動的插畫，說

明電鍋、智慧型手機到 GPS 定位系統等常見的家電和電子產品，其實背後都有程式在默默運作，藉由這些「程式設計」的基礎知識，讓大人孩子都能體會到，原來我們一直都生活在電腦程式的世界裡。本書非常適合家長陪著小孩一起逐章逐節地細讀。

電腦本就是為了幫助人類解決生活上的問題而發明的。在未來，我們應該朝什麼方向繼續進步？或者，我們應該再發明什麼，才能讓更多的人生活得更舒服？如果藉由本書，這類話題的討論能夠增加原本親子之間的談論時間，我將深感榮幸。

Cybozu 股份有限公司　代表董事兼社長

青野慶久

目錄

Q 本書雖然是「程式設計」入門書，但為什麼幾乎沒有詳細說明各種程式
語言，而是用輕鬆的口吻傳達電腦程式的知識呢？

A 任何人在正式學電腦程式設計之前，必須要先了解電腦本身的功用，因為程
式設計是為了讓電腦能依照我們的想法去運作。如果不先知道電腦究竟能幫我們
做什麼，是無法順利寫出程式的。當然，本書也有提到怎樣寫程式，不過不是用
程式語言而是用日常用語的方式，在各章節中寫了簡化版的程式設計實例。因為
直接用程式語言說明程式設計太無趣了。希望我
們編寫的用心，能讓讀者感受到：其實再複雜的
電腦功能，都是由單一程式的組合來實現的。

登場角色

這本書不論從哪裡開始讀都可以！如果覺得困難就先跳過，先讀自己喜歡的章節。等到之後開始學設計程式，說不定還會再回來讀哦！

專家

在科技公司「Cybozu」工作的程式設計師。在本書中擔任介紹「電腦程式」相關知識的角色。Cybozu 以製作「支援企業組織團隊合作」的程式為主要業務。

小幫手

生存在電腦裡的神祕生物。接到詳細指示就會非常快速地處理，但如果叫他們隨便做，他們可是不會聽話的。

我最喜歡的食物是「電」～

Q 為什麼本書在解說機械（硬體）的部分，比應用程式等軟體還要多？

A

讓我們生活更方便的各種機械硬體中，即使「程式」擔任很重要的角色，但更重要的是硬體當初因某種用途而被設計出來的「架構」本身。有了架構，才能組合成相對應的機械硬體。而「程式」在這過程中只是為了讓機械硬體能正常運作而寫成的。

因此我們認為，「架構」是最重要的一環。如果對於世上許多東西的架構，能夠邊讚嘆「原來如此，竟然能做得這麼好」並理解其中的價值，甚至之後能自行建構出新的架構，一定是很棒的事。而若能進一步根據那個新架構寫出程式，肯定能成為一位優秀的程式設計師。當然，若不理解架構，只看需求，一樣能寫出程式，但不參透整體架構，就很難提出什麼改良的方案，這樣就太沒意思了。

第 1 章

什麼是

程式？

在我們的日常生活中，

「電腦」已是不可或缺的存在，

就連手機也是電腦的一種。

只要有手機，不論什麼時間或人在哪裡，

都可以很輕易地用地圖確認位置、傳訊息給朋友，

當然，也可以隨時打電話給家人。

讓生活變得更方便的手機，

裡面其實是有「程式」在運作的，

但程式是什麼？它究竟是怎麼運作的？

專家

在資訊科技公司「Cybozu」工作的程式設計師。

擅長用淺顯易懂的說明，

幫助看著上述問題而一臉困惑的你。

從「大大的電腦」到「小小的手機」，

超級電腦（Supercomputer）

為了研究宇宙的謎團，或開發新藥物，需要大量的複雜運算而設計製作出來的
特別電腦，就是「超級電腦」。如上圖，是不是一台非常巨大的電腦呢！

平板電腦

大小介於電腦和手
機之間的就是輕薄
的「平板電腦」。
因為螢幕夠大，拿
來看影片或看電子
書都很適合。有非
常多的學校已經把
平板電腦運用在課
堂教學了。

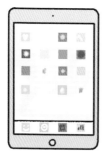

智慧型手機

能隨身攜帶的電話，卻又有可以觸控
的大螢幕，就是「智慧型手機」。智
慧型手機也是電腦的
一種，裡頭有各種程
式在運作著。

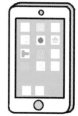

電腦

電腦是「個人電腦」的簡稱，顧
名思義就是個人使用的電腦。體
積比平板電腦大，主要分為放在
桌上使用的「桌上型電腦」，還
有方便攜帶的「筆記型電腦」。

都有程式在運作著！

播放手機裡的影片時，程式是怎麼運作的？

你知道嗎？當你用手機播放影片時，也是有程式在運作的喔！

想像你的手機裡有一群小幫手。這些小幫手一邊讀著工作事項的「指示書」，一邊依照指示書的指令工作著。其實，這本指示書就是「程式」！

當我們選擇想要觀看的影片後，這時手機裡的小幫手會依照播放影片的APP（應用程式）的指示書，先拜託遠端影片資料庫裡的另一群小幫手找出這部影片，找到影片後，小幫手再把影片拿給我們看。

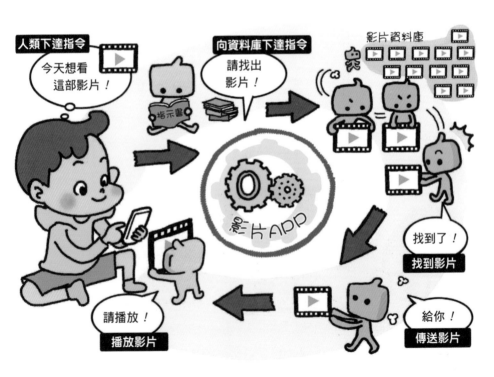

🎮 比「運動會流程表」的功能更強大的「程式」

大家應該對學校舉辦運動會時會發的一張流程表有印象吧？從開幕式、趣味競賽到大隊接力等，每個項目在流程表上都有先後順序。電腦的程式也是一樣，小幫手的工作事項會依照先後順序排列。

但程式的功能可不只這樣而已！裡面還寫有許多像是「如果……的話，就這樣做」這類有條件的指令。

舉例來說，想像一下食物調理包在外包裝上的指示，例如「如果用鍋子的話，請加熱 2 分鐘」、「如果用微波爐的話，請加熱 4 分鐘」等等，把各種動作的先決條件都一一列清楚、寫明確。所以閱讀這些指示之後，我們只要按照上面的指示去做，就能變出一道美味的菜餚。

嗯嗯　嗯嗯

指示書

👩 適合家長看的延伸知識

【「小幫手」就是核心（core）的擬人化用法】

本書提到的「小幫手」其實就是演算處理裝置（即「核心」）的擬人化用法。

若講「CPU」應該比較多人聽過，CPU 就是「中央處理器」，會有這個名稱是因為以前電腦只有一個負責演算處理的裝置。而在本書中，不只中央處理器，所有演算處理裝置都擬人化稱為「小幫手」。

小幫手最重要的功能就是「判斷」。小幫手負責計算或記憶周遭的裝置和資訊，再依據計算或記憶的結果去判斷接下來該做什麼。

程式跟「食譜」其實很像？

　　程式就像一本指示書，為了讓小幫手能夠正確動作，必須下達非常明確的指令。這裡為了讓大家更理解上一頁提到的「食物調理包外包裝上的指示」的例子，我們用下圖來說明。

　　「用鍋子加熱 2 分鐘」前，必須先將水煮沸，對吧？但如果沒有鍋子也沒有微波爐，就無法將水煮沸，所以只能放棄。對小幫手來說必須要像這樣，下達非常詳細的指示。

　　不過，人們所使用的食譜中，也會出現像「些許胡椒」、「用大火」、「熟透」等比較曖昧模糊的用詞。「些許」是指幾克？「大火」是多大火？怎麼判斷是否「熟透」？小幫手跟人類不一樣，對於這類比較模糊的指示會感到很困惑。

⚙️ 程式有自己專用的語言！

　　如前頁所說，對小幫手必須下達明確而非曖昧模糊的指示。

　　現實生活中，在下指令時一般會使用雙方都能懂的語言，人類和小幫手之間也是一樣。為了對小幫手下達明確的指示，我們會使用專用的語言——「程式語言」。像「Scratch」程式語言就是其中一種，此外也有用積木式的程式模組來傳達的程式語言。

　　不過，在利用程式語言下達指令前，下達指示的人首先必須明白：「我希望小幫手為我做什麼？」可以先用中文整理出「希望小幫手能為我做什麼」的內容，如果能用中文好好表達出來，就是能寫出優秀程式的第一步！

　　在下一頁，我們會示範用中文條列出下達給小幫手播放影片的指示。但實際上是要用更詳細的指示，小幫手才會運作。

👫 適合家長看的延伸知識

【程式設計語言誕生的歷史】

　　以前的程式是利用接線的配線變化 *1，或操作多個撥動式小開關而製成的。在那之後，變成能夠在打洞的紙膠帶上讀取的形式。接著，才進化成一連串人類所能閱讀的「文字」。

　　也就是說，程式語言並不是從「將人類溝通用的語言明確化」而是從「將人類難以理解的一連串指令，用人類易懂的方式來顯示」的方向演化而來。今後的程式語言也會更加接近「人類平常所使用的語言」！

　　舉例來說，對著手機說「設定一個計時 3 分鐘的馬錶」，那個準備「告訴我們 3 分鐘到了」的機能就會開始運作。這是人類用語言對小幫手下達命令的一種方式。

*1　在早期，當各種電子器具還沒有發明「微電腦」來進行自動控制，只能倚靠人工手動的方式來改變電力回路的線路配置，讓電力的輸入會因為前次狀態或動作順序的不同，而得到不同的輸出結果，例如：配電盤的供電順序、馬達的啟動條件等。這種配線變化的組合和順序的邏輯，就是程式語言的前身。

程式設計小教室

【播放影片的 APP】

01. 詢問影片資料庫中有哪些影片

02. 將影片全部顯示在手機螢幕上

03. 等待人類選擇影片

04. 請影片資料庫提供人類所選擇的影片數據

05. 等待「開始撥放」鍵被按下

06. 開始撥放後，重複第 07 行到第 10 行

07.　　　如果按下「停止」鍵則回到第 05 行

08.　　　如果跟不上數據接收，先暫停影片等待傳輸

09.　　　以間隔 1 秒的方式播放影片

10.　　　如果影片已撥放到最後則結束重複（到第 11 行）
　　　　　（尚未播放到最後的話，回到第 07 行重複）

11. 回到一開始（回到第 01 行）

總結

不管是人類、機械還是電腦的運作，都需要指令。

對電腦下達指令的稱為「程式」。用手機觀看影片時，程式也在運作著，而製作出程式的過程，就是「程式設計」。

本書在內容上有時會比較艱深一點，但仍會盡量用貼近日常生活中的物品來說明程式設計的知識。目的是讓大家在閱讀本書後，學會讓小幫手按照各位的想法去運作。

偷瞄

👫 適合家長看的延伸知識

【這章提到的程式】

在 P14 介紹的程式，其實若不是用專門的「程式語言」去寫，是無法成功運作的。本書是為了讓讀者對程式有初步概念，所以才用中文寫。

以「如果」開頭的指令，是讓小幫手自己「判斷」的命令。而第 07 行到第 10 行開頭的空格，只是為了讓程式設計師對重複的項目更清楚，對小幫手來說是沒有任何意義的，但我們認為這是非常重要的一環，所以會持續運用在本書中。

該程式也使用了多次的「等待」指令，「等待」這個動作包含「重複」和「判斷」。舉例來說，當在等待人類選擇影片且影片還沒選定的時候，就會一直重複「如果選擇完影片，就終止重複」的指令，直到人類選定影片，才會進行下一個動作。

此外，「以間隔 1 秒的方式播放影片」這個指令，跟實際的影片播放應用程式的間隔秒數不同。

而在第 11 行中有提到「回到一開始」的指令，本來應該是要寫「重複」的指令，但這樣程式就會有 2 個「重複」指令（第 06 行和第 11 行），變得比較複雜，所以改成「回到一開始」。

第2章

電鍋裡也有

程式在運作？

不論是冰箱、微波爐、電視，
或是只要按下開關，
就會自動煮出美味白飯的電鍋，
這些家電產品其實都是靠「程式」在運轉的！
但是，程式到底在這些產品的哪裡呢？
為什麼這些產品需要程式才能運作？

嗶
嗶
嗶
嗶

許多的家電產品都是

微波爐

利用感應器測得食物的溫度，
並以電磁波開始加熱食物，
加熱至目標溫度後，
電磁波就會停止。

冰箱

利用感應器測得冰箱裡的溫度，
為維持目標溫度，
冷卻機會時而運轉、時而停止。

洗衣烘乾機

利用感應器測得衣物重量，
並顯示洗劑的量及程序。
依選擇的程序，
調整洗衣槽的運轉方式，
以及為了使衣物乾燥，
會控制溫風的運轉與否。

電視

從遙控器接收
資訊後，
開啟電源、
顯示畫面、
更換頻道，
並下載如節目表等
許多資訊。

這就是
微電腦！

利用程式來運作的！

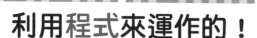

照片提供：Sony ╱ Panasonic Service Center ╱ Panasonic Appliances

程式就藏在電鍋的「微電腦」裡

所有程式都存在於一個稱作「微電腦」的電腦裡。

微電腦的外觀通常是黑色的四方形，邊邊就像長了腳一樣，有許多金屬線，用來讓電流通過。

以電鍋的微電腦為例，微電腦裡的程式利用電從感應器裡的小幫手那獲得資訊後，再將指令傳達給負責加熱的小幫手。

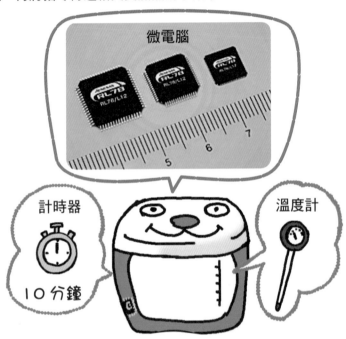

計時器
10分鐘

微電腦

溫度計

適合家長看的延伸知識

【Arduino──內含「微電腦」的程式開發組件】

有一種名叫「Arduino」的電腦周邊產品，內含「微電腦」的程式開發組件，可透過 USB 連接到電腦來進行程式的編輯與撰寫，可以讓沒有經驗的人快速學習程式的基本知識，並設計、製作出電子產品的原型。像是時下流行的四軸飛行器、無線遙控器等，都能透過「Arduino」來操作喔！

　　　　　照片提供：Renesas Electronics

🤖 代替人類煮出美味米飯的微電腦

　　最早以前，人們煮飯的時候，需要待在爐灶旁調節火勢。但自從能「自動煮飯」的電鍋被發明出來後，就不再需要在一旁留意火勢了。不過早期的電鍋從生米煮到熟的過程中都是用相同的溫度加熱，因此煮熟的飯還是沒有比有人在一旁調節火侯那麼好吃。於是又有了置入微電腦的電鍋問世。由於電鍋微電腦裡的小幫手會代替人類調節煮飯時的溫度，所以不僅飯變得美味，而且又能自動煮好！

以前是用爐灶煮飯

煮出美味米飯的祕訣

剛開始用中火
中間用大火
最後再燜蒸

用爐灶煮飯

這個程度應該是
大火吧？

早期的電鍋

以前是……

到達一定溫度
後，開關會自動關掉。

雖然是自動煮好的飯，
卻沒有以前的好吃
……

早期電鍋的自動開關原理

　　早期沒有「微電腦」的時代，用電鍋煮好飯後，開關之所以會自動切掉，是利用煮飯時因加熱使水分變少、溫度升高，開關裡的「感溫軟磁」遇熱後磁性會減弱，再加上彈簧的作用，導致與「永久磁鐵」分離，讓開關跳起來切掉。

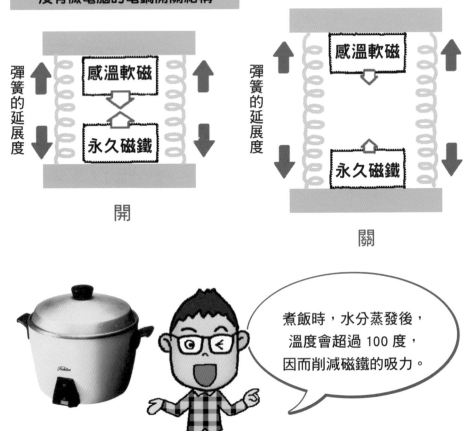

沒有微電腦的電鍋開關結構

彈簧的延展度　感溫軟磁　永久磁鐵

開

彈簧的延展度　感溫軟磁　永久磁鐵

關

煮飯時，水分蒸發後，溫度會超過 100 度，因而削減磁鐵的吸力。

最早以前用爐灶煮飯，火候控制和烹煮時間都會因人而異。而且也要因應每天的氣溫做調整，飯煮好的時間也比較不確定。

但利用「程式」運作的電鍋，因為有「感測器」測量溫度，能夠比人類更準確控制溫度。所以不論是氣溫的變化或使用者的差異，每天都能煮出同樣好吃的米飯。

以前人們若不學習爐灶的相關知識或技巧，就無法成功煮出好吃的飯。但配有微電腦的電鍋，微電腦裡的小幫手從一開始就具備了所有知識和技巧，因此能幫人類減少很多時間和工作量，把飯煮得又香又好吃。

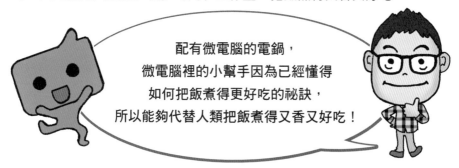

配有微電腦的電鍋，
微電腦裡的小幫手因為已經懂得
如何把飯煮得更好吃的祕訣，
所以能夠代替人類把飯煮得又香又好吃！

適合家長看的延伸知識

【微電腦小幫手們是怎麼用「電」溝通的？】

雖然微電腦裡的小幫手們是用電來傳遞資訊和指令，但正確的說法應該是利用「電壓的變化」來傳遞資訊。

在微電腦裡，電晶體有 3 隻針腳，對特定的腳位施加高電壓時，其他 2 隻針腳間的電流就會變得比較好流通。電流若好流通，其他 2 隻針腳間的電壓就會很接近。利用這個原理的組合而建立了「輸入高電壓時，將輸出的電壓降低」的NOT 運算，及「只有在兩邊都輸入高電壓時，輸出的電壓才會變高」的交集等「邏輯閘」。利用這些邏輯閘的組合來實現「程式執行」的高度機能。

程式設計小教室

【電鍋的程式】

01. 　重複第 02 行到第 08 行

02. 　如果按下「中止」鍵，
　　　則結束重複（跳到第 09 行）

03. 　詢問計時器小幫手
　　　從開始煮飯過了幾分鐘

04. 　如果飯煮好時，
　　　結束重複（跳到第 09 行）

05. 　利用圖表調整這個時間點的理想溫度

06. 　詢問小幫手電鍋內現在的溫度

07. 　如果比理想溫度低，則將加熱器增強

08. 　如果比理想溫度高，則將加熱器減弱
　　　（到這裡回到第 02 行重複）

09. 　將加熱的輸出改為 0

10. 　響起「嗶」聲

在電鍋裡的黑色、小小的微電腦中，有「程式」存在哦！

這裡的程式的功能，是代替人類依電鍋的溫度和使用時間，來判斷加熱器要增強還是減弱。

在程式中，可以看到有許多以「如果」開頭的句子對吧？這就是程式需要做的「判斷」！世界上的每個程式裡，以「如果」開頭的程式語言可是多到數不清呢！

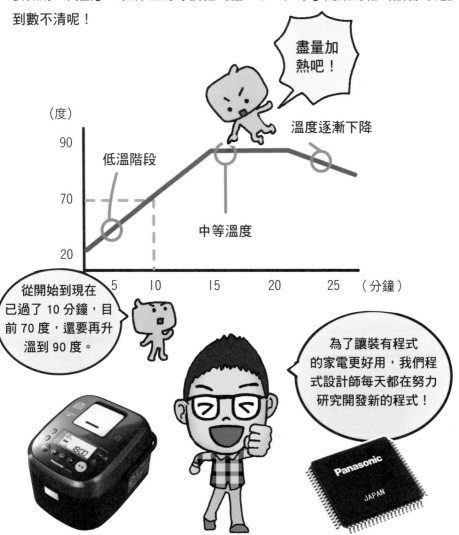

盡量加熱吧！

（度）

溫度逐漸下降

90

低溫階段

70

中等溫度

20

5　　10　　15　　20　　25　（分鐘）

從開始到現在已過了 10 分鐘，目前 70 度，還要再升溫到 90 度。

為了讓裝有程式的家電更好用，我們程式設計師每天都在努力研究開發新的程式！

第3章

商店的大功臣！
收銀機裡的程式

我們到便利商店買東西時，

總是能看到許多不同的商品。

只要想買什麼，就拿去櫃檯結帳，

但你知道嗎？我們在結帳時，

「收銀機」裡的程式幫了我們很大的忙。

現在就一起來了解收銀機裡的程式吧！

算盤

你有看過算盤嗎？算盤其實就是古代
被人們廣泛使用的計算輔助道具。

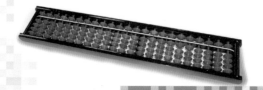

我們也來
幫忙！

便利商店利用「電腦程式」

讀碼機

用來讀取貼在商品上的條碼，再傳達給收銀機裡的小幫手。無法順利讀取條碼時，店員會用鍵盤手動輸入。

螢幕

商品的總額會由小幫手幫忙計算，並顯示在這裡。只要輸入客人支付的金額，就會馬上計算並顯示要找零的金額。

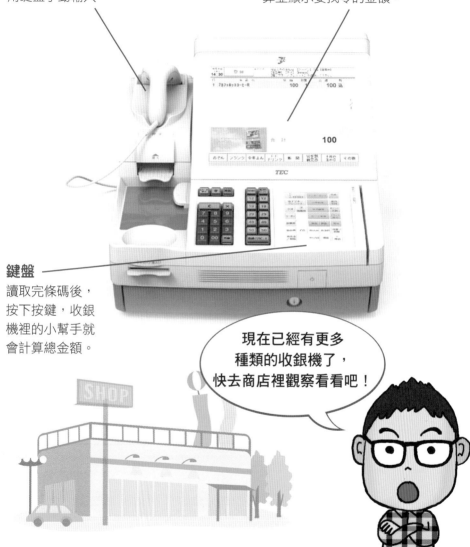

鍵盤

讀取完條碼後，按下按鍵，收銀機裡的小幫手就會計算總金額。

現在已經有更多種類的收銀機了，快去商店裡觀察看看吧！

大大加速了工作效率！

不論輸入或計算金額，交給收銀機就對了

　　以前商店在結帳時，是看著商品上貼的價格標籤，用算盤計算或手動輸入到收銀機。後來，拜電腦的發明所賜，人類再也不必使用算盤或手動輸入收銀機來計算金額了，是不是很棒呢？

　　結帳時，店員只要用讀碼機掃描商品上的條碼，讀碼機就會記錄商品編號，然後收銀機裡的小幫手只要讀取紀錄裡的價格表，馬上就能找出商品的價格，並快速算出商品總金額。

條碼裡的資料其實是「商品代碼」不是「價格」

用讀碼機讀取條碼時所得到的資料，是商品代碼而不是價格，所以即使店家更改商品的售價，也不需更換條碼。

不過像是書籍或雜誌等價格比較不會變動的商品，條碼裡的資料有時會輸入價格。大家有空去翻看書背面的條碼就知道了。

為了讓讀碼機能方便讀取商品條碼，所以是以白底搭配黑字的方式來設計。仔細觀察一下家裡買的商品的，條碼是不是都是白底黑字的設計！

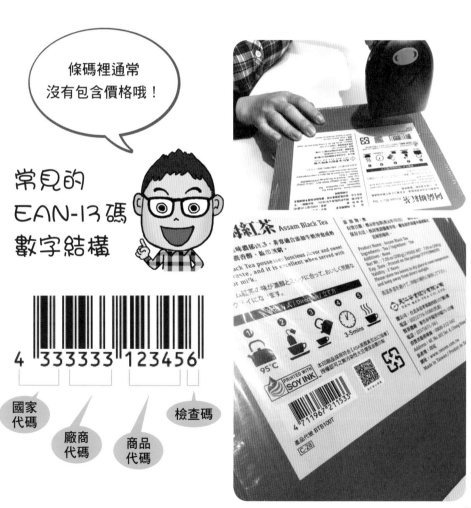

條碼裡通常
沒有包含價格哦！

常見的
EAN-13碼
數字結構

4 333333 123456

國家代碼
廠商代碼
商品代碼
檢查碼

讀碼機是怎麼讀取條碼的？

　　一般 13 碼的條碼會有 3 組由 2 條黑線組成的分隔線，把條碼區分成前半部和後半部，分別顯示前半的 7 碼和後半的 6 碼。

　　現在就來簡略說明一下條碼字元的編碼構造！

　　請參照下頁上方的圖。條碼的格式都是從黑色的部分開始、白色的部分結束，並依線條的粗細對應不同的數字，右頁左下的圖就是條碼與數字的對應表。像 0 是「粗黑線（3 條細黑線）＋中白線（2 條白線）＋細黑線」的組合。2 則是「中黑線＋細白線＋中黑線」的組合。

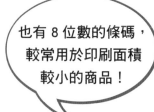

也有 8 位數的條碼，較常用於印刷面積較小的商品！

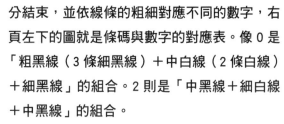

4 333333 123456

└─── 前半 ───┘ └─── 後半 ───┘

　適合家長看的延伸知識

【條碼的構造】

　　全世界的一維條碼種類眾多、在台灣是使用 EAN 條碼（歐洲商品條碼）。條碼的解讀是有跡可循的，若對條碼的解讀有興趣，可以進一步搜尋相關資訊。

　　這裡補充一點，就是為什麼 13 碼的前半部是 7 碼，後半部是 6 碼呢？

　　雖然前、後半部都一樣用 7Bit（Bit 是電腦資訊世界中的最小單位）來表示特定的數字（請參考下頁左下圖的編碼示意圖，0 ～ 9 每個數字都對應到一組由 7 個格子組成的編碼），但「EAN 碼」實際上會用到三種不同編碼表去組合，也就是除了下頁左下圖的編碼表外，還有其他的編碼表。因此為了說明該條碼是「使用不同編碼表中的哪一個」，就用 13 碼開頭的第 1 個數字（導入值）來標示。這就是為什麼條碼的前半部多了 1 碼的原因。

這是表示數字「0」的暗號！

4 333333 678901

細白線（1Bit）

粗黑線（3Bit）

中白線（2Bit）

細黑線（1Bit）

由黑、白線的寬度和排列方式，可對應到編碼表中的數字。

0
1
2
3
4
5
6
7
8
9

起始黑線

結束白線

29

收銀機不會累，也不會犯錯！

　　對剛開始學收銀工作的人來說，常會因為一時不知道商品價格而花費許多時間。尤其常發生在較少使用條碼的傳統商店。

　　當然，如果所有商品上都貼有條碼，人們自然不用特別去記商品價格了。但如果遇到像是某件商品搭配另一種商品有優惠，或是超市打烊前的限時優惠等情況，一旦增加了這些複雜的規則，就不是只貼標籤就能解決的。所以一般條碼裡才會沒有包含價格，而是商品代號。

　　想知道商品價格就交給讀碼機裡的小幫手，小幫手最擅長的就是依照人們定的規則去執行。而且最重要的是，人類會疲累、會犯錯，小幫手不會累、工作一整天也不會犯錯！

優秀的收銀機

　　自從商店裡有了先進的收銀機，就能自動確認商品的總金額，並且自動找零給顧客。而且現在越來越多收銀機增加了可以用信用卡等卡片支付的功能，非常方便。

　　另外，客人能自己使用條碼機掃描、自己結帳的「自助收銀機」也越來越多了。有了小幫手的協助，人們不用特地學習什麼方法，就能自己用收銀機結帳，是不是很棒呢！

收銀機幫你記得什麼時候賣了什麼商品

　　你知道嗎？收銀機裡的小幫手不是只會單純計算商品的價格哦！只要掃描條碼，你還能知道哪一款商品最熱賣。是不是厲害！

　　此外，小幫手也能依據店家的設定，記錄購買人的性別、年齡等資訊，並在一天的營業結束後，告訴我們今天什麼東西賣得如何，店家能依據這些資訊思考下次該進什麼貨，非常便利。

程式設計小教室

【收銀機裡的程式】

01. 重複第 02 行到第 08 行

02. 按下「結帳」鍵後結束重複（跳到第 09 行）[*1]

03. 從「條碼讀取機」得知商品的 13 位數字

04. 從「價格表」中搜尋該 13 位數字

05. 搜尋不到會發出「噗」的聲音，再跳到第 02 行重做

06. 發出「嗶」的聲音（為了告知有正確讀取到條碼）

07. 從「價格表」讀取價格後，印在發票上[*2]

08. 將 13 位數字和現在的日期時間登錄在「銷售紀錄表」[*3]
    （到這裡跳回到第 02 行重複其他商品的資訊讀取）

09. 顯示目前為止合計的金額

10. 輸入收取的金額

11. 顯示相減後需找零的金額

12. 發票也印上總計金額和收取金額

13. 登錄在「收銀紀錄表」上

14. 按下「初始」鍵後回到最初步驟
    （回到第 01 行）[*4]

總結

電腦能夠代替人類的一項重要功能，就是「計算」！

超市的收銀機就是能幫助我們計算的電腦。在收銀機裡的小幫手用讀碼機查詢價格，一下子就能幫我們計算出總金額。

讀碼機是將各商品上所貼的條碼，以某種規則為基準進行變換後，將結果傳輸到收銀機中。換句話說，讀碼機從外部取得資訊後，再靠收銀機裡小幫手的幫忙，處理成店家需要的資訊。

第4章

智慧型手機中的 超級小幫手

本章跟大家聊聊我們的手機。

手機其實是很接近我們生活的一部「電腦」，

可以傳訊息、拍照等，能做非常多的事。

它裡面也有許多的小幫手，

彼此各司其職，依照程式去運作。

現在，一起來看看手機是用哪些零件組成的，

並且也了解一下手機的性能。

本章會出現「CPU」
（Central Processing Unit），
但我們會將 CPU 擬人化為
「對手機下指令的頭腦」來說明！

許多的小幫手

2008 年

iPhone 3G

蘋果 iPhone 系列的第二代手機。
雖然跟最新的手機功能不能相提並論，
但在當時可是非常具有衝擊性的！

中央處理器	ARM 1176JZ(F)-S	NFC	—
顯示器	3.5吋TFT LCD	防水防塵	—
解析度	320×480	電量	2G通話10小時
生物辨識	—	重量	133g
容量	8／16GB	尺寸	115.5×62.1×12.3㎜

2017 年

iPhoneX

iPhoneX 與 iPhone3G 相比，
性能又更加進化了。
在 3G 的 CPU 中只有一個小幫手，
在 X 有 6 個！

中央處理器	A11 Bionic+ Neural Engine M11 Motion Coprocessors	NFC	支援Reader Mode、FeliCa
顯示器	5.8吋Super Retina HD	防水防塵	IP67（耐塵防水型）
解析度	2436 × 1125	電量	通話21小時
生物辨識	Face ID	重量	174g
容量	64／256GB	尺寸	143.6×70.9×7.7㎜

彼此合作讓手機順利運作！

CPU——智慧型手機的「大腦」

CPU（中央處理器）

> 我是 CPU，
> 也是智慧型手機的大腦，
> 負責發號施令！

在第 1 章有提到小幫手是一邊閱讀「指示書」（程式）一邊工作。當大家在使用手機的 APP 時，CPU 裡的小幫手會從「書架」（儲存空間）拿出指示書，邊讀邊工作。

CPU 的性能，是由稱為「時脈（Clock）」的值來測量。舉例來說，手機的規格表 * 寫著 2.2GHz+1.8GHz，8 核心。意思是裡面搭載著 1 秒可以計算 22 億次及計算 18 億次的小幫手。GHZ 是指「1 秒內 10 億次」的單位。8 核心是指搭載 8 個小幫手的意思。

> 小幫手 1 秒
> 能計算 22 億次，
> 很厲害吧！

* 這裡的手機指的是 SHARP 的「AQUOS R compact SH-M06」。Apple 的 iPhone X 並沒有公開詳細規格表。因此只知道最快速的小幫手為 2.29GHz，但不清楚最慢速的小幫手的時脈。

🔍 一起來研究手機規格表！

GHz = 1 秒 10 億次

若規格表上寫 2.2GHz+1.8GHz……

8 核心 = 8 個小幫手

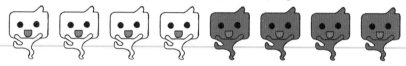

👫 適合家長看的延伸知識

【 iPhoneX 所使用的 A11 Bionic 】

　　一起來了解 A11 Bionic 的真面目吧！首先，在 A11 Bionic 裡快速計算的核心有 2 個，慢速計算但電力消耗量少的核心有 4 個。A11 Bionic 會依據剩餘電量來決定使用哪個核心，此交替使用的方式能讓電池用得更久。

　　雖然 6 個核心依照指示書能處理很多事，但 A11 Bionic 也有其它用途特殊的核心。首先是擁有 3 個核心、專門處理圖像（Graphic）的「GPU」，它的工作是將圖片旋轉或將 3 次元數據製作成 2 次元圖片。以小幫手舉例，比起 CPU 這類萬用的小幫手，有些特定工作更需要像 GPU 的專職小幫手來做，效果更好！

　　其它還有加速度感應功能專用的核心「Motion Coprocessors」及臉部辨識專用的核心「Neural Engine」。這些核心都被裝在一個黑色正方形的晶片裡，稱作 A11 Bionic。

📷 記憶體——CPU 小幫手的「工作台」

　　CPU 的小幫手會將指示書掀開，放在「工作台」（記憶體）上工作。而且不只是指示書，暫時使用到的數據也會全部放在工作台上作業。所以如果工作台太小，就不能讓小幫手執行程式，會導致異常而終止作業。

　　記憶體的大小可以在規格表上的「RAM」欄位找到。舉例來說，若寫著 3GB，就代表光英數字元的部分就可以有 30 億字，若包含漢字等字元就可以有 10 億字。照片部分依據相機性能可存放約 2000 張，音樂部份依據 CD 品質約有 50 小時。

📷 儲存空間——保管指示書和數據的「書架」

　　給小幫手的指示書和大家用手機拍的照片、影片等，都是收納在「書架」（儲存空間）上！

　　放在工作台上的東西，若沒電了就會不見，但放在書架上，即使沒電也沒關係。只是比起在工作台上作業，用書架的話會多了將書取出、放回的程序，比較耗時。

　　儲存空間的大小是看規格表上的容量和「ROM」，例如有 32GB 也有 64GB 的，越大就越能儲存一些時間較長的影片和較大的數據。

記憶體	儲存空間

暫時放書
的工作台

收納程式、
照片、
郵件的書架

 適合家長看的延伸知識

【RAM 和 ROM】

　　只要上網查詢 RAM 或 ROM，就能查到一大堆相關資訊。一般通常將記憶體稱作 RAM，將儲存空間稱作 ROM。

　　RAM 是「Random-Access Memory」（無論在哪個位置都能讀取的記憶體）的簡稱，ROM 則是「Read-Only Memory」（不可寫入、只能讀取的記憶體）的簡稱。但現在搭載於手機的不管是記憶體或儲存空間，不管在哪個位置已經都能讀取。原本的 RAM 和 ROM 這些用語，是在 1950 年左右創造出來的，已經過時了，這些名稱與實際意義已經不符。

　　關於 ROM 的演進，1956 年曾發明出只能讀取一次的「Programmable ROM」（PROM）；到 1971 年則發明出被強烈紫外線照射後能反覆刪除並寫入的「Erasable Programmable ROM」（EPROM）。接著再到 1983 年，又發明出能用電壓刪除並寫入的「Electrically Erasable Programmable ROM」（EEPROM），這個 EEPROM 就是我們手機的儲存空間和 USB 儲存裝置的原型。

　　ROM 這個名稱被用來指「能讀取的記憶體」，已經有 60 年以上的歷史了！

📷 觸控螢幕──小幫手能判斷手指觸碰的位置

　　觸控螢幕是利用電流的變化，來確認手觸控螢幕時的位置。雖然肉眼看不見，但觸控螢幕中放置了許多透明的電極。只要手指在電極旁邊，電就會往電極的地方聚集。

　　觸控螢幕的小幫手會根據電極的變化來推測手指位置，並告訴 CPU。

　　性能好的觸控螢幕，電極會細小到能區別比手指位置更細微的變化，即使有多根手指同時觸碰也能辨識，並且能跟上手指的移動速度。

📷 螢幕──為了讓人類看見而裝上光源

　　手機螢幕裡排列著許多小小的光源，螢幕的小幫手會遵從 CPU 的指示，把光源點亮或熄滅。

　　所謂「解析度高」就是指螢幕裡有非常多的光源的意思。主打擁有「高、精、細」的螢幕，就是指螢幕上的各個光源很小，光源越小，畫質就越清晰、美麗。

　　像 iPhoneX 螢幕中的光源是 0.06毫米，每 1 公分 就排列了 158 個。

我們的工作對象是人類！

螢幕

　　螢幕上的每一個點（畫素），都是紅、綠、藍這 3 種光源組成的稱為「光的三原色」。雖然在螢幕上呈現出來的時候有各種不同的顏色，但基本顏色就只有 3 種。會有這 3 種顏色以外的顏色，是因為跟旁邊的色彩混合後的效果。例如將紅光和綠光混合後，人們用肉眼所看到的就是黃色；將紅綠藍 3 種顏色混合後，則會看見白色。換句話說，手機螢幕中的各個顏色，都是只用 3 種基本顏色的光，以不同的比例去混合出來的。是不是很厲害呢！

🧑👩 適合家長看的延伸知識

【「色彩三原色」和「光的三原色」】

　　以大部分智慧型手機來說，手機螢幕中的顏色都是用 3 色的光源混合而成的。但並不代表世上所有手機螢幕的顏色都是用 3 色光源混合成。

　　螢幕如果只用光的三原色混合，要顯示鮮豔的黃色和藍色其實是很困難的事。所以會利用光線越加越亮的原理，將兩色混合以得到更亮的色彩，可參考上方的「色彩三原色」圖。像是電視之類的用品，就會利用追加黃色光源來呈現更鮮豔的黃色。

📷 電池──儲存小幫手「伙食」的地方

　　小幫手是一邊吃著「食物儲存櫃」（電池）裡的「飯」（電）一邊工作的。如果沒有飯，當然就沒有力氣工作了。

　　為了努力工作，小幫手需要吃很多飯。像是播放影片或運作遊戲時，會讓小幫手大量工作，這時電池就會消耗得很快。

　　而且，小幫手工作時會產生熱能，所以手機就會跟著變熱。但其實小幫手不是很耐熱，千萬不要讓他們過熱而導致異常運作。下次感覺手機變熱的時候，記得讓小幫手們休息一下哦！

食物儲存櫃

> 我的食物都在這個櫃子裡！

　　此外，在電池工作的小幫手，當手機剩餘電量變少時，會通知 CPU 的小幫手一起節約手機的用電，有沒有很聰明！

📷 通信裝置──使用電磁波來溝通

　　我們能透過手機使用網路，都是託「通訊裝置」的福。通訊裝置的小幫手，會面向電信基地台的天線，利用電磁波來處理手機的文字、聲音和影片的傳輸。而依據不同的電磁波類型，會有不同的通訊方法，像 WIFI、4G 或藍芽等。

　　不同的通訊方法，連線難易度和通訊速度都不同，有能傳達到廣大範圍的，也有能在高速移動中使用的。

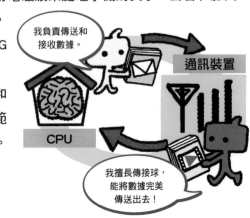

> 我負責傳送和接收數據。

通訊裝置

CPU

> 我擅長傳接球，能將數據完美傳送出去！

GIGABYTE（GB）到底有多大？

1000 兆 Byte=1 兆 Kilobyte=10 億 Megabyte=
100 萬 Gigabyte=1000Terabyte=1Petabyte

Petabyte
PB

1 兆 Byte=10 億 Kilobyte=100 萬 Megabyte=
1000Gigabyte=1 Terabyte

Terabyte
TB

手機的儲存空間（例如 64GB）大概在
這個位置

1 小時的電影（例如 0.3 ～ 10GB，
依畫質而異）

10 億 Byte=100 萬 Kilobyte=
1000Megabyte=1Gigabyte

Gigabyte
GB

CD（例如 650 ～ 700MB）

用手機拍的照片（例如 1.4MB）

100 萬 Byte=1000Kilobyte=1 Megabyte

Megabyte
MB

400 字的文字檔（例如 1200Byte）

1000Byte=1 Kilobyte

Kilobyte
KB

資料的大小

3Byte 一個中文字（例如「漢」）

8 Bit： ○○○◌○○◌○○

8 Bit=1 Byte 一個英文字母（例 "A"）

1 Bit： ◌ 或 ○

適合家長看的延伸知識

【kilo（K）是 1000 Byte ？還是 1024 Byte ？】

1Kilobyte（KB）能指 1000Byte，也能指 1024Byte。為什麼呢？1024 是 2 乘上 10 次方之後的數字。

依固態技術協會（JEDEC）所訂定的標準，KB 為 1024Byte。所以我們也經常將 1024 作為 Kilo 的意思使用。但另一方面，國際單位制同時又將 Kilo 訂定為 1000，例如 Kilometer 代表 1000meter。

顯然，若同樣都用「Kilobyte」，會有不止一個意思，容易造成混淆。因此，國際標準化組織（ISO）提案，又把 1024 稱作「Kibibyte」。

程式設計小教室

【簡易繪圖 APP】

01. 從螢幕左上的畫素到右下的畫素，重複第 02 行的動作 [1]

02. 將畫素的光源（紅、綠、藍）全部點到最亮

03. 重複第 04 行到第 06 行

04. 待機直到手指觸控螢幕

05. 告訴觸控螢幕的小幫手，手指觸碰到哪個地方

06. 將觸碰處的紅、綠、藍色光源全部熄滅 [2][3][4]

　　（到這裡回到第 04 行重複）

【註】

[1] 重複動作結束後，螢幕會變成白色。

[2] 全部光源熄滅後，被觸碰的點會變成黑色。

[3] 邊觸控邊移動手指，就能畫圖了。

[4] 在這個程式中，觸控一次只能讓一個畫素變黑，這可能
是因為線太細的關係，所以要像在畫圈圈一樣，把線條
旁邊的畫素也描黑，說不定就可以了。

📺 總結

　　小小一支手機裡，居然有這麼多的功能，有這麼多小幫手在裡面做著不同的工作。不論是螢幕、觸控螢幕還是通訊裝置，都有小幫手在協助，想不到吧？

　　小幫手的性能是用時脈（Clock）的數值來顯示，數值越大，表示性能越佳。以此類推，就能明白小幫手的工作台（記憶體）及收納資訊的書架（儲存空間），也是數值越大、性能越佳哦。

第5章

能夠回心轉意的 Undo 功能

小幫手的厲害之處除了「複製」能力，
還有一項非常特別的技能，
讓人們在使用各種軟體時，
即使做錯也有後悔的機會！
就是「Undo」（還原）的功能。
多虧這項功能，人類不再害怕失敗了！
本章將會例舉繪圖軟體的「Undo」功能、
「自動存取檔案」功能，
及寫程式時會用的版本控制系統等。

「複製」和「還原」

繪圖應用程式

一般常見的繪圖 APP，
是充分活用了小幫手的「複製」
功能，以及畫錯時能回到
上一步驟的「還原」功能。

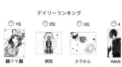

繪圖應用程式「ibisPaint X」

（ibis mobile inc.）
【支援】iOS 8.0、Android 4.1 以下
※ 有付費版本

「還原」和「重做」功能

跟實際的顏料和畫筆不同的是，在繪圖應用
程式裡，即使畫錯條線，只要點選①的「還
原」，就能輕鬆回到畫錯之前的樣子。點選
②的「重做」就能把①還原時所取消的線重
新找回來。這可是顏料和畫筆無法做到的！

「Undo」（還原）鍵會依據應用程式不同，
圖示也不一樣。

是小幫手的拿手絕活！

偉大的發明──「Undo」功能

　　大家應該都有在繪圖 APP 中把畫錯的東西復原的經驗吧？這可是電腦非常厲害的功能之一。

　　「Undo」功能能夠把剛做的事情取消，並回到上一步驟。想想看，如果今天是用顏料或畫筆，只要畫錯就必須要拿新的紙重畫了。但因為電腦能幫我們自動記憶，所以只要按下 Undo 鍵，即使失誤也能恢復到先前的樣子。

　　Undo 功能不僅限於繪圖軟體，在許多的軟體也都有這個功能哦。

🔍 不用再害怕犯錯

有了「Undo」功能，就算不小心失誤了也能夠復原，這樣一來人們就不用再害怕失敗，可以盡情畫畫了。這種可以「重新來過」的功能，是不是很厲害呢！

沒有「Undo」功能以前，因為不能犯錯，所以常讓人非常小心翼翼地思考「該怎麼做才是正確的」。如今即使有了失誤，也能復原，所以不需再擔心失誤，這樣的好處是讓人更勇於嘗試。經過多次嘗試，從失敗中學習，然後變得更加得心應手。

也有 Undo 無法復原的東西

雖然 Undo 能夠復原很多東西，但也有一些無法復原的。因此對於「什麼東西是無法復原的」必須特別留意。

舉例來說，如果在網路上不小心公開了一張很糗的照片，然後看到的人當下把它複製下來存到電腦裡，那張照片可就無法消除了。

而且有時候用自己的本名留下的言論或圖片，如果當時沒收回或取消，經過十年後用名字去搜尋，說不定還能找到，然後驚覺「小時候竟然有如此不堪的言論」。所以在網路這種會被陌生人看見的地方發布資訊時，一定要更慎重才行！

📷 建立「存檔」和「備份」的觀念

不管有沒有「Undo」功能，最好還是要建立「隨時存檔和備份資料」的觀念。這樣就算出了差錯也還能讓資料復活。

以用電腦記錄暑假作業的日記為例。大部分的文字處理軟體（如 Microsoft Word）都有 Undo 機能，但如果將文字儲存並關閉軟體後，就無法復原到上一步驟了。所以如果在暑假的最後一天，不小心將文字全部刪除，並且在儲存後關閉軟體，那麼文字可就通通消失無法還原了！

因此，如果在每天睡前複製檔案，並在檔名中輸入日期如「0830_暑假日記」再存檔，就算 8 月 31 日不小心遺失了資料也沒關係。

這就是「備份」的意思，有點像是遊戲中「儲存進度」的功能。

⚙️ 備份在別的地方

備份指的是資料也能從別的地方取得。比如，在電腦存取了非常多的資料，結果就在暑假的最後一天，一不注意將茶打翻了，電腦有可能就那樣壞了對吧？那麼資料可是會全部不見的！

如果把資料只存在一個地方，遇到像是茶打翻或地震之類的無預警災害來襲，資料就會消失，而如果每次能把資料另存在別的地方，就會讓人安心許多。

舉例來說，為企業提供資訊管理服務的 Cybozu 公司，就會把客戶保存的資料複製下來並存放在不同的地方，就算某個保存資料的地方受到災害而導致損毀，資料也不會因此流失。

自動備份的軟體和網路服務

要自行設定檔案名稱並儲存，又要自行定期把檔案複製到別的地方，對一般人其實真的有點麻煩。所以，現在已經有能夠幫我們自動將檔案備份的軟體和網路服務了。

自動備份的軟體和網路服務，會將存放在電腦中的東西，透過網路自動上傳到遠端的伺服器裡保存。如果想找回檔案，只要從「版本歷史紀錄」選擇想要還原的版本就好了。

就像使用繪圖軟體，只要畫了一條線，軟體就會把這個動作自動備份起來，因此只要按下 Undo 鍵，就會還原到歷史紀錄中的前一個版本。不過要注意的是，通常關閉軟體後，大部分的歷史紀錄都會自動刪除，無法復原。

瀏覽器的「返回」並不是 Undo

你有注意到嗎？網頁瀏覽器中的「返回」鍵，是不是很像用來復原失誤的「Undo」鍵？但返回鍵其實無法將已進行的操作取消。

假設在網路賣場買東西時，按了購買鍵，然後突然反悔，想想還是決定買別的東西，於是按下返回鍵。但這只是單純回到前一個頁面而已，並不能將已經購買的東西取消掉。用英文來說就是「Back」而不是「Undo」。

因此返回前一頁的「返回」鍵，和繪圖 APP 的「Undo」鍵，功能是不一樣的哦。

⚙ 版本控制系統

專家寫程式的時候也是時常失敗的。經常碰到本想為了程式能更順利運作而做了許多修改，結果發現搞錯了而想復原的時候。

所以專家寫程式的時候會在某個階段，下達「備份」指令給小幫手。這裡的備份不是指自動備份，而是發出明確的備份指令，並註記相關的說明，為的就是方便之後再回來檢視這階段的備份檔案。這個備份與儲存說明的組合，稱為「版本控制系統」。

順帶一提，本書專家經常使用的版本控制系統，是一套全世界有 2000 萬人使用的專案系統哦。

👨👩 適合家長看的延伸知識

【「版本控制系統」的功能】

檔案在「自動備份」功能的版本裡雖然是一致的，但在「版本控制系統」中卻有可能是分歧的。而之所以會分歧，是為了方便讓多數人同時使用或修改。

例如修改文件時發生失誤，一般會使用 Undo 功能來還原。但程式中的各個組件之間，事實上有著錯綜複雜的關係，如果冒然復原或更動，可能導致某些地方不能運作。尤其是多數人共同寫一個相同程式時，自己正在作業中，但可能因為他人的變更而造成程式無法運作，甚至還誤以為是自己的問題而感到困擾。或是自己想將整個檔案備份起來，卻又不想備份到他人修改的部分而影響到自己的作業程序時，也會有這樣的不便之處。

使用「版本控制系統」就能在開始修改程式前，將最新的版本複製起來，做一個新的分流（branch）檔案，在此檔案中只有自己能邊備份邊作業。當作業告一段落，再將此分流與主流的檔案合流（merge）。

在版本控制系統中，既有分流的管理功能，也有將分流與主流合流的功能，且為了更有效率將檔案保管好，還有只將分流和主流檔案之間的差異保存下來的功能。此外，像 P52 中提到的「自動備份的軟體」就是以「Dropbox」為底寫成的。而文中所提到的「專家經常使用的版本控制系統」其實就是「GitHub」。

程式設計小教室

【繪圖 APP】

01. 針對繪圖板裡的所有畫素，重複第 02 行動作

02.　　　　將畫素所有變白

03. 重複第 04 行到第 11 行

04.　　　　如果觸控了繪圖板[*1]

05.　　　　　　　被觸控處的畫素變黑

06.　　　　將該畫面以管理用的編號保存

07.　　　　保存下一個時，於現在的編號＋1

08.　　　　如果按下 Undo 鍵

09.　　　　　　　顯示現在管理編號的前一編號的畫面

10.　　　　如果按下 Redo 鍵

11.　　　　　　　顯示現在管理編號的後一編號的畫面
　　　　　　（回到第 04 行重複）

總結

透過本章節我們了解了「Undo」功能，讓我們即使失誤也能「重新來過」，不再擔心失敗了！

而就算不使用 Undo 功能，只要每次都將現有資料存檔，就算出了差錯也還有備份資料可以使用。專家在工作上所使用的版本控制系統，其實也是以備份的概念為基礎而發展出來的。

當然，有時也會遇到不可復原的資料，這時就要特別小心注意！

擁有正確的
電腦知識的同時，
也要留意任何可能
產生的風險哦！

55

第 6 章

把人們連結起來的網際網路

雖然我們常用無線的方式連 WIFI，
但你可能不知道，
其實網路是以「線」來連接的。
現在，就跟著專家和小幫手一起進入
網際網路的世界吧！

小幫手是用 4 組數字

我的第一本登山露營書
新手必備！
裝備知識 × 行進技巧 × 選地紮營全圖解，
一本搞定戶外大小事！
作者／栗山祐哉（監修）　定價／399元　出版社／蘋果屋

市面上最懂「登山初學者」需求的工具書！日本JMIA認證專
業教練親自指導，價值NT6,600的登山實戰課，全實境照片
完整教學，新手老手都適用的實用技巧！

這樣學超好玩！
第一本親子互動數學遊戲
在家就能玩，專為學齡前孩子＆忙碌家長設計！
88款從日常中學會概念、愛上數學的生活遊戲
作者／全嬡林　定價／600元　出版社／美藝學苑

教育第一線的數學專家以其當媽媽的親身經驗告訴你：「學
齡前就親近數學」才是孩子日後「自然喜歡數學」的關鍵！
不想讓孩子輸在起跑點，現在就一起玩「互動數學遊戲」。

專為孩子設計的創意摺紙大全集
10大可愛主題 × 175種趣味摺法，
專注力！

作者／全嬡林　定價／600元　出版社／美藝學苑

法式刺繡針法全書
204 種基礎到進階針法步驟圖解，
從花草、字母到繡出令人怦然心動的專屬作品

作者／朴成熙　定價／480 元　出版社／蘋果屋

熱門

★部落格瀏覽數破 66 萬人次！韓國最大網路書店 YES24 滿
分五星好評！★第一本收錄超過 200 種針法、自學最好用的
刺繡書！學會更多技巧，繡出療癒又有質感的精緻圖樣！

【全圖解】初學者の鉤織入門 BOOK
只要 9 種鉤針編織法就能完成
23 款實用又可愛的生活小物（附 QR code 教學影片）

作者／金倫廷　定價／450 元　出版社／蘋果屋

暢銷

韓國各大企業、百貨、手作刊物競相邀約開課與合作，被稱
為「鉤織老師們的老師」、人氣 NO.1 的露西老師，集結多年
豐富教學經驗，以初學者角度設計的鉤織基礎書，讓你一邊
學習編織技巧，一邊就做出可愛又實用的風格小物！

MEOW

📷 電腦的「身分證」

　　電腦裡的小幫手在與其它電腦通訊時，會用稱為「IP 位址」的號碼來確認對方的身分。IP 位址跟電話號碼不同，它是由 4 組從 0 到 255 的數值所構成，並且用點來連結。

　　比方說，日本報社「每日新聞」的網址是 www.mainichi.co.jp，而 IP 位址是 54.230.108.99；科技公司「Cybozu」的網址是 www.cybozu.co.jp，IP 位址則是 103.79.14.42。

每日新聞地址

每日新聞官網

【地址】
東京都千代田區一ツ橋 1-1-1
【電話】
03-3212-0321（代表號）

【官方網站】
www.mainichi.co.jp
【IP 位址】
54.230.108.99

來區分不同的電腦！

因為「IP位址」不好記，於是有了「網域名稱」

對於人們來說，要記住一連串數字的「IP位址」，不用想也知道很困難吧！所以為了解決這個問題，後來又為這些「IP位址」取了名字，也就是「網域名稱」。例如「每日新聞」的網域名稱為「www.mainichi.co.jp」；「Cybozu」的是「www.cybozu.co.jp」。這樣是不是從名稱上就能清楚區別「每日新聞」跟「Cybozu」呢？

不過實際上，電腦的小幫手在通訊時所用的，並不是網域名稱而仍然是IP位址。

因此當我們對小幫手下達「請顯示www.mainichi.co.jp」的指令時，小幫手會先從網域名稱去查詢對應的IP位址再進行通訊哦！小幫手的查詢方式就如同我們打開電話簿查詢某人的電話號碼一樣，這樣的查詢方式稱為「DNS」。

請顯示www.mainichi.co.jp！

OK! mainichi的IP位址是54.230.108.99對吧？

👨‍👩 適合家長看的延伸知識

【IPv4和IPv6】

前面為了方便說明，我們都是以單一一個IP位址來介紹。但實際上為了負載的平衡性，一般會使用不止一個IP位址。

據統計，用4組數值所顯示的IP位址，全世界共有43億個，但隨著電腦的增加，大家開始懷疑43億個是否會不夠用。這是IP位址組成結構（IP version 4，IPv4）於1981年發布時，未曾想過的問題。

為了取代IP version 4（IPv4），新的IP位址組成結構（IP version 6，IPv6）於1999年開始被使用，這可是有340兆的1兆倍再1兆倍的數量！但因為與現在主流的IPv4沒有互換性，目前難以進行相互轉換。

　　大家有沒有發現，網域名稱像是「www.mainichi.co.jp」和「www.cybozu.co.jp」都是「co.jp」結尾。「jp」是代表「日本」（Japan）的意思，而「co.jp」是指「日本的公司」。其他像是日本「經濟產業省」是「www.meti.go.jp」，「文部科學省」為「www.mext.go.jp」，其中的「go.jp」就是指日本的政府機關。而「東京大學」的網域名稱是「www.u-tokyo.ac.jp」，「ac.jp」代表日本的學術單位。

　　再來看看日本以外的網域名稱，購物網站 Amazon 在日本的網域名稱為「www.amazon.co.jp」，在中國則是「www.amazon.cn」，在英國為「www.amazon.uk」，到了德國變成「www.amazon.de」。而且觀察一下 Amazon 在不同國家所販賣的商品，可以發現除了有共通的商品，還有更多是該國家專屬的商品，例如同一作家的書被翻譯成不同語言的版本，是不是很有趣！有網際網路連接著全世界，所以我們能看得更多、更遠！

適合家長看的延伸知識

【「頂級域名」與類型】

　　在網域名稱的組成中，代表國家或地區的 .jp、.cn、.uk、.de 等網域名稱的最後部分，稱為「頂級域名」（top-level domain）。不過，也有不是代表國家的頂級域名，最常見的例子莫過於「.com」，又稱為「通用頂級域名」！

📹「路由器」小幫手的日常工作

　　各位家裡應該有台連接網路、稱作「路由器」的裝置。現在就一起來看看路由器裡的小幫手到底做著什麼樣的工作吧！

　　比如你剛買的新手機，在剛開機時處於尚未決定它的 IP 位址的狀態。如果還沒決定 IP 位址，就會無法連接到網路。那麼這時 IP 位址是如何決定的呢？

　　其實就是要在手機裡設定無線區域網路，然後當無線區域網路連接到路由器時，路由器的小幫手就會決定 IP 位址，並告知手機裡的小幫手。

　　手機裡的小幫手會將他們無法做的事，全部交給路由器小幫手來做，像「把網域名稱轉換成 IP 位址」就是其中一項。

　　同理，路由器的小幫手也會將自己無法做的事，尋求網路上其他伺服器小幫手的幫忙。

🔍「Packet」的收發和運送

　　在網絡上傳送信件和影片等資料時，會被分成一個一個的小包裹，稱為「封包（Packet）」。小幫手會在封包上面寫上各個收件人之後送出，就跟寄包裹一樣。

　　路由器的小幫手就是負責分裝包裹的工作！舉例來說，當手機小幫手把寫著「伺服器 C 請給我影片」的包裹交給路由器小幫手，路由器小幫手會先確認收件人，如果是已知的伺服器編號，就直接送去該編號對應的地方，然後從伺服器那邊收到要給手機的影片包裹，再轉交給手機小幫手。

　　但如果路由器小幫手收到的是未知的編號，會將它交給可能知道這些編號的其他路由器小幫手，並告知對方「請幫忙送出這個包裹」的請託，才能結束自己的任務。

以下的包裹運送路線，都是依照電腦工程師的設定來走的哦！

【手機 A 向伺服器 C 索取影片的過程】

世界是由「線」相連的

　　只要利用網路，就算人在日本也能和在中國、英國或印度的小幫手通訊哦。但各網路之間是怎樣通訊的呢？像家中的電波用無線的方式通訊嗎？

　　並非如此，而且剛好相反。網路的通訊，事實上是有「線」的。像日本與美國雖然隔著一大片海洋，海底卻有「線」連接著哦。線就埋在海底8000 公尺深的地方，直徑約有 2 公分，為了防止被魚類啃咬而導致損壞，還用保護膜包覆著呢。

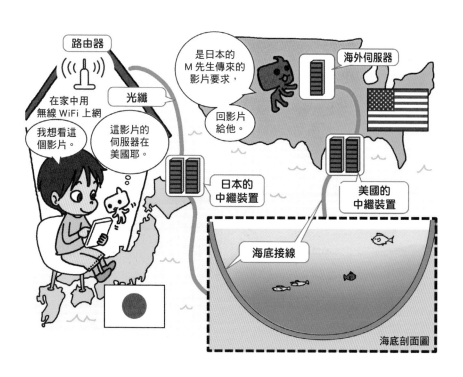

程式設計小教室

【網際網路的路由器】

01. 如果收件者的 IP 位址是自己的管理編號

02. 查詢該收件者是由哪條接線連結的，
並傳送給該條線[*1]

03. 如果收件者的 IP 位址不是自己的管理編號

04. 傳送給預設閘道器[*2]

商用路由器

家用路由器

【註】

*1　家用路由器的管理編號（IP 位址）大多不滿 20 個。因此為了決定送到哪條線路，只要擁有能查詢 20 行左右表格的能力就夠了，並不是太困難的事（因為只需單純地比對 20 次）。但若是商用的路由器，就會需要管理比較多的編號，程式也要有能查詢不止 20 行表格的能力。

*2　當路由器不知道封包寄送的目的地時，會把 IP 位址傳送給預設閘道器（default gateway）。家用路由器一般會透過一條網路線連接房屋外面的預設閘道器，用來與預設閘道器進行傳輸。

總結

有連接網路的電腦，都會有個稱為「IP 位址」的 4 組數字。小幫手就是靠這組數字去辨別其他的電腦。

「把網域名稱轉換成 IP 位址」是路由器小幫手的工作，他們的工作還包括將封包做分類處理。

只要利用網路，不管你身在何處，都能透過埋在海底深處的接線，跟全世界通訊！

第7章

電腦小幫手們的對話方式

在第 6 章我們已學到網際網路的知識，
理解資訊的流通是透過
海底接線和遠端電腦的連結來處理。
本章節要了解的是：
電腦小幫手是如何處理這些資訊的？

「繾扌繾、緺懊ㄟ繾ㄋ」
你是否曾在 EMAIL 或網頁上
看過這種無法閱讀的文字？

小幫手們處理

小幫手的正確對話

請讓我看 Cybozu 首頁。

OK！
這就是 Cybozu
的首頁。

如果小幫手
搞錯規則……

請讓我看看
Cybozu 首頁？

"$Bp*(B?$Boq2e!
lq`Te!xea(B?$Bea
(B?$B#he`(B"

資訊是有「規則」的！

🔍 用光的閃爍方式來傳遞資訊

為了傳遞文字和影像，小幫手是如何在電腦裡工作的呢？

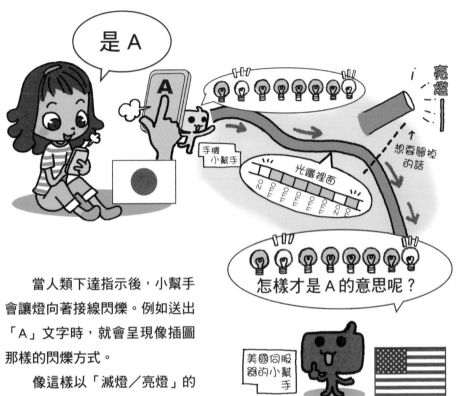

當人類下達指示後，小幫手會讓燈向著接線閃爍。例如送出「A」文字時，就會呈現像插圖那樣的閃爍方式。

像這樣以「滅燈／亮燈」的兩種狀態所取得的資訊，程式設計師通常用 0 跟 1 來表示。圖中 A 的閃爍方式用 0 跟 1 表示的話就會變成 01000001。

順帶一提，能用 8 個 0 跟 1 來顯示的燈光閃爍組合，全部有 256 種哦。透過各種 0 與 1 的組合，就能表示英文字母大小寫跟許多的字元符號。

📷 小幫手的規則

　　小幫手看到怎樣的閃爍，才是代表「A」的意思？這些規則都必須在通訊開始前訂定清楚。這個規則稱為「網路傳輸協定」（protocol）。

　　例如「n」明明是 01101110，接收的小幫手卻將閃爍的排列方向搞錯，變成相反的 01110110，於是就會變成「v」的意思了。因此燈光的排列方式和如何安排文字段落，這些都需要許多規則。

　　如果負責傳遞的小幫手和接收的小幫手，事前沒有將規則共享，就會導致傳遞錯誤、接收者會錯意的狀況。除了文字，影像和影片也是用閃爍的方式傳送的。為了讓網路能夠順利運作，小幫手確實共享規則，並照著規則來閃爍是很重要的哦。

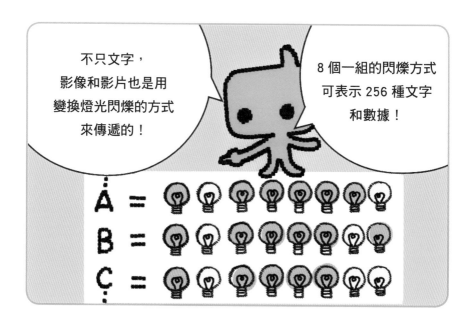

不只文字，
影像和影片也是用
變換燈光閃爍的方式
來傳遞的！

8 個一組的閃爍方式
可表示 256 種文字
和數據！

⚙️「摩斯密碼」也是一種「規則」

在電腦誕生前，為了跟遠方的人交流資訊所訂定的規則中，有個稱為「摩斯密碼」（Morse code）的東西。像在日本電影「崖上的波妞」中，有一場用閃爍燈光來通訊的場景，就是類似摩斯密碼這類的通訊規則。

摩斯密碼的表現方式之一是用短亮燈和長亮燈的組合來表示文字。例如：A 的符號是「·—」，代表先亮一短燈，再亮一長燈。每個英文字母與數字都能透過不同數目及排列法的「·」、「—」去表現。

摩斯符號的例子

字母		數字		
文字	符號	數字	符號	簡化
A	·—	1	·————	·— 與 A 相同
B	—···	2	··———	··— 與 U 相同
C	—·—·	3	···——	···— 與 V 相同

👫 適合家長看的延伸知識

【關於電信系統】

因為發明了摩斯密碼，讓人們可以用低品質的線路也能將資訊傳遞到遠方。而在美國製作出橫跨陸地的電信系統後，原本必須以馬匹耗費 3 週才能傳達到目的地的資訊，瞬間就能傳達到了！

有了這樣完善的電信系統，連帶地有許多人開始研究「是否有比運用通訊迴路更高效率傳遞資訊的方法」。在這之中，誕生了利用打孔的帶子來輸送資訊的裝置。不過因為是由人類操作按鈕後再傳輸，無法達到高效、高速化，後來又衍生出「事先在紙帶上輸入形狀，再用機器傳輸」的方法。電腦當初就是沿用了這個技術而誕生的。

初期的電腦不像現在有鍵盤，而是用紙帶代替鍵盤來輸入資訊。這方面的資訊，可以搜尋「EDSAC initial order」就能找到劍橋大學公開的歷史久遠的程式介紹海報資訊。

⚙ 「2 進位」和「16 進位」的意思

將資訊用 0 跟 1 表示的方法，稱作「2 進位」。但像用 01000001 這樣冗長的 2 進位方法表示，其實也有點麻煩。

為了讓資訊的表示更加簡單，後來發明了 4 個數字或英文字母為一組的方法來表示一個文字，這就是「16 進位」。

為了跟表示 2 進位有所區別，程式設計師間通常會在 16 進位的開頭加上「0x」。

2 進位和 16 進位對照表

2 進位	16 進位	2 進位	16 進位
0000	0	1000	8
0001	1	1001	9
0010	2	1010	A
0011	3	1011	B
0100	4	1100	C
0101	5	1101	D
0110	6	1110	E
0111	7	1111	F

例如在程式寫 0xA3FE，就會顯示 16 個 0 和 1 所組成的數字（如下圖）。

2 進位	1010	0011	1111	1110
16 進位	A	3	F	E

71

雜亂的「規則」

電腦中的小幫手們為了處理資訊，必須遵守相同的「規則」。那麼，只要讓全部的小幫手都能遵守不就好了嗎？當然，這是最理想的狀況。但是人類社會總是很難照著理想的模式運作。

前面曾介紹過「A 代表 01000001」的規則，其實這個規則就是「ASCII」（American Standard Code for Information Interchange，美國資訊交換標準程式碼）。但很遺憾的是，並非大家都遵照著這個規定在寫程式。在 ASCII 被制定的那年，當時最大的電腦產業 IBM 訂定了別的規則，叫做「EBCDIC」（Extended Binary Coded Decimal Interchange Code，擴增二進式十進交換碼）。就 EBCDIC 來說，「A 代表 11000001」，跟「ASCII」規則下的「A 代表 01000001」完全不一樣！

對大公司而言，用自己的規則來寫程式會比較方便，但如此一來就有了一種以上的規則，而且相互之間的變換是很麻煩的。不過目前為止，ASCII 還是比較主流的規則。

因應不同國家的文字而出現的「新規則」

在前面的說明有提到，能用 8 個 0 和 1 的組合來顯示文字的閃爍形式，全部共有 256 種，所以即便再加上字母的大小寫和符號，使用上都還很寬裕。因此使用英文的人很自然認為「1 個文字只要 8 位元（8 個閃爍）就夠了」。

然而，當電腦在日本越來越普及的時候，因為日文中的漢字有 256 種以上，這才發現 8 位元 1 個文字是不夠的！因而制定了顯示 16 位元的「新規則」，擴增到 16 位元就能顯示 65536 種文字了。

遺憾的是，這個新規則的版本不只一個，日本國內就同時使用好幾個版本，並未統一用某個版本。

像中文裡有很多漢字，所以也有自己的「規則」。各個國家為了顯示各國文字，都會訂定自己的「規則」。

雖然利用網路與不同國家的人溝通的機會增加了，同時卻也變得有點麻煩。因此後來又製作出能顯示全世界文字的「Unicode」這個「規則」，目前已成為主流的規則。

順帶一提，如果用錯「規則」，就會導致「亂碼」的情況發生，會顯示出意思不明、無法解讀的文字。

⚙ 規則也需要與時俱進

前一章節曾提到 IP 位址。事實上，因為電腦的普及，也曾導致 IP 位址不足而有增加的需求。但既有訂定的規則又不能增加，因為撰寫 IP 位址的地方是固定的。於是為了增加 IP 位址，就再訂定了新的規則。

就跟各國為了顯示文字都會訂定自己的規則一樣，任何規則都要因應各種情況去調整和改變！

因為「規則」不斷變化，
我們也必須經常更新知識！

程式設計小教室

【將文章的全形英數字轉換為半形】*1

01. 重複第 **02** 行到第 **07** 行

02. 如果已到文章的最後，則結束

03. 從文章中接收 1byte（8 位元），
這個值為 a

04. 如果 a 未滿 128，則將 a 輸出
回到第 **02** 行 *2

05. 從文章中接收 1byte（8 位元），
這個值為 b

06. 如果 a 未滿 163，則將 a 輸出，b 也輸出
回到第 **02** 行 *3

07. b 減 128 輸出
（到這裡回到第 **02** 行重複）

總結

大家現在都知道小幫手們是如何處理資訊了吧?

小幫手處理資訊是用 0 跟 1 的閃爍形式來表示。這個形式如果是 8 個位元,就有約 256 種,這些已足夠用來顯示大部分的字母了。

但中文以及使用許多漢字的日文,只有 256 種是不夠的,所以才改而使用 16 位元及 24 位元的「規則」。

第 8 章

傾聽宇宙聲音的 定位小幫手

現在只要用手機就能打開地圖 app，
確認自己的位置，非常方便。
但手機小幫手是如何知道位置的？
其實，是靠來自宇宙的電磁波哦！

人造衛星「引路號」
準天頂衛星系統「引路號」，
是位於日本正上方的人造衛星。
會發出讓手機知道位置的電磁波。

手機的

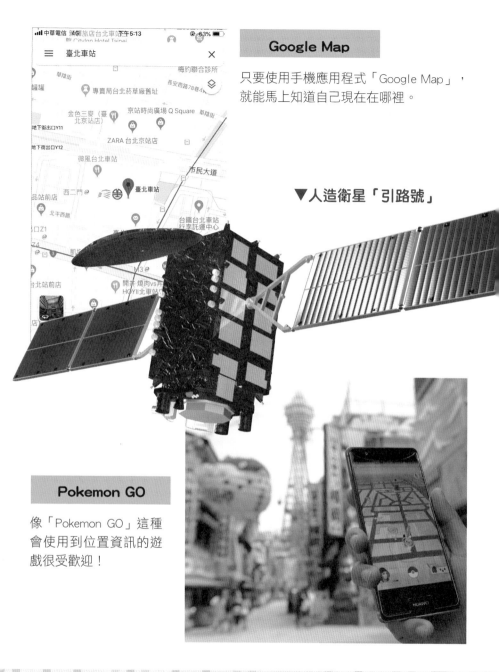

Google Map

只要使用手機應用程式「Google Map」，就能馬上知道自己現在在哪裡。

▼人造衛星「引路號」

Pokemon GO

像「Pokemon GO」這種會使用到位置資訊的遊戲很受歡迎！

小幫手知道自己的位置！

寫真提供：JAXA

從遙遠宇宙傳來的「電磁波」

不知道大家有沒有聽過「全球定位系統」（GPS，Global Positioning System）呢？

在我們所居住的地球周圍，有許多種類的人造衛星運作著，其中稱為「GPS 衛星」的人造衛星為了量測位置，會發出特別的電磁波。

> 手機是利用接收
> GPS 衛星發出的信號電磁波，
> 來判斷自己現在的位置。

GPS 是怎麼定位的？

手機到底是如何利用 GPS 衛星的電磁波知道所在位置的呢？請看下方的插圖。

GPS 是透過多個衛星間接收電磁波的時間差來計算的哦。而電磁波的秒速雖然達 30 萬公里非常快速，但前進 1 公里還是要花 3 微秒。

插圖中的男人離衛星 A 較近，所以接收從 A 來的電磁波較快，B 則較慢。與此相反，女人離衛星 B 較近，所以接收從 B 來的電磁波較快，A 則較慢。

手機中的小幫手會正確計算接收電磁波的時間差異，利用最接近的 GPS 衛星來判斷所在位置。插圖中有 2 顆衛星，但實際上會使用到 4 顆哦！

📷 GPS 衛星離我們有多遠？

大家有在新聞上看過國際太空站（ISS ，International Space Station）中的太空人在做實驗的畫面嗎？

我們可能會覺得宇宙離我們非常遙遠。其實，從地表到國際太空站的距離約 400 公里，差不多是從日本東京到神戶的距離，是不是意想不到的近？但 GPS 衛星是在比這個多 50 倍遠的地方，這距離比地球的直徑還要長。

人工衛星如果能到越遠的地方，就越能慢慢地環繞地球。國際太空站的時速為 28000 公里，也就是以比日本「新幹線」快 100 倍的超高速在運轉，91 分鐘就能繞地球一圈；反觀 GPS 衛星，是用時速 14000 公里的速度旋轉，因為離地球較遠，繞一圈所需時間也較長，轉一圈需要 12 小時。

日本在 2017 年發射完成的準天頂衛星「引路號」，是在現在的 GPS 衛星 2 倍遠的位置。因為引路號比現在的 GPS 衛星還要遠，所以是以更緩慢的速度在旋轉。約 24 小時繞地球一圈，所以大多時間都在日本上空。由於能從日本上方發送訊號，「引路號」對日本 GPS 定位的精準度可以說是大大提高。

GPS 衛星是在離地表 2 萬公里的地方運作著。站在地球表面上的我們和
GPS 衛星的距離，大致上可以用下圖來表示：

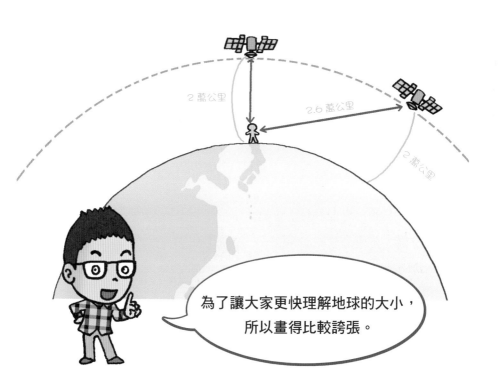

為了讓大家更快理解地球的大小，
所以畫得比較誇張。

👫 適合家長看的延伸知識

【地球到 GPS 衛星的距離】

　　上圖為了讓大家方便理解，所以將衛星的軌道畫得比實際還要低。實際上，
地球的半徑約 6400 公里，GPS 衛星的軌道高度為 2 萬公里，所以即使 GPS 衛星
很靠近地球，還是有 3 倍遠的距離。

📷 只負責接收電磁波的小幫手

大家記得第 4 章裡曾出現過負責「用電磁波連接網路」的手機小幫手嗎？但他們跟這次只負責「收聽 GPS 電磁波」的小幫忙完全不同哦。

兩種小幫手雖然都是使用電磁波，但手機的小幫手是用電磁波來「傳送」和「接收」資訊，是雙向的工作。而這次的小幫手只擔任接收 GPS 衛星來的電磁波的角色，不負責傳送的任務。

其實電磁波本身也會因為用途不同而分為許多種類。

🔍 人造衛星中的小幫手

人造衛星也有電腦並且有小幫手協助，就像太陽能板若不面向太陽就無法產生電一樣，無線電波若不面向地球，就無法通訊。GPS 衛星的小幫手會幫忙計算並發送自己現在的時間和位置。

不過，在太空中的計算，因為會有許多輻射的干擾，因此比在地球還要艱難。輻射若接觸到電腦，就會像我們突然被電到一樣，會出現異常的狀況。

在地球上的電腦裡工作的小幫手，就像是在教室裡計算著某種東西，而在人造衛星的電腦裡工作的小幫手，就像處於森林中，一邊被蚊蟲叮咬、風吹雨淋，一邊還要計算著某種東西，所以即使計算錯誤，也是沒辦法的事。

所以人造衛星的研究人員每天都在研究，如何讓小幫手在太空中也能順利工作。藉由不斷改良電腦，以及讓 3 個小幫手同時計算同樣的東西，然後採多數決的方式決定，以提高計算結果的正確性。

適合家長看的延伸知識

【人造衛星所使用的微電腦】

上面提到由 3 個小幫手採「多數決」的方式，是 2005 年人造衛星「黎明號」所採用的方法。

3 個小幫手都是 1995 年所販售的微電腦「SH-3」。同時使用 3 個微電腦，就算有 1 個異常，只要剩下的 2 個能正常運作，就能獲得正確的結果。雖然如果其中 2 個微電腦同時異常的話會失效，但事實上這機率非常低，所以一般可以忽略。

各位有沒有發現，明明是 2005 年的衛星，為什麼使用的卻是超過 10 年的微電腦？其實有幾個理由。首先，人造衛星的開發時間本來就比較久，所以即使有了微電腦，還得等到人造衛星完成後才派得上用場。再者，舊型的微電腦因為配線的寬度較粗，不容易受輻射影響。在那之後的 SH 系列也被家電用品廣泛使用，如遊戲主機「世嘉土星（SEGA Saturn）」便使用了 SH-2，Zaurus 使用 SH-3，Dreamcast 使用了 SH-4，SH 系列的優點在於能夠量產，且比起製作專屬的微電腦來得便宜又好入手，是被廣泛運用的其中一個理由。

 # 地表下收得到宇宙傳來的電磁波嗎？

一般會認為，地表下應該是無法接收電磁波的吧？但最近即使在地表下也能用手機辨識自己的所在位置！這是為什麼呢？

是因為裝在地表下的手機基地台及 WIFI 無線存取點逐漸增加了！當手機基地台觀察到一絲宇宙傳來的電磁波，就會判斷「嗯，既然收得到電磁波，所以位置應該是在這附近吧」。

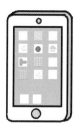

程式設計小教室

【顯示現在的位置】

01. 請 GPS 小幫手告訴我現在的位置

02. 如果能接收的衛星數不足而無法辨別位置

03. 則從 WIFI 基地台來接收電磁波

04. 如果找到 3 個以上的基地台

05. 透過電磁波強度來計算到基地台的距離，以從複數的基地台傳來的電磁波時間差來計算現在位置

06. 如果無法計算

07. 顯示「無法辨識所在位置」
並結束定位

08. 顯示現在位置的地圖並結束

　　大家學到手機是如何知道自己位置的方法了吧。

　　每個人手上的手機，都接收得到 2 萬公里外的人造衛星傳來的電波，是不是很驚人呢？

　　能把接收遙遠電磁波的裝置變小，並裝進手機中，這樣的技術也很厲害吧！能夠將 1 個以上的人造衛星與手中的裝置結合，並指出位置的「全球定位系統」，為我們的生活帶來諸多便利，是非常卓越的功能。

　　雖然大家在生活中理所當然地使用著手機，但事實上手機是集結了物理學、化學、數學等知識所製作出來的智慧結晶哦！

第9章

大家一起寫的
百科全書

每當想上網查詢資料時，
是不是經常想到方便好用的「維基百科」？
大家想必都有用過這個網站吧！
但維基百科到底是誰寫的，你知道嗎？
其實，它是由非常多的志工共同製作出來的哦。
本章就一起來了解「維基百科」的製作過程吧！

紙本的百科全書
記載著許多資料的紙本百科全書。
因為不能容許出現錯誤資訊，
所以是由各領域的學者，
花費相當長的時間編製成的。

由分散各地的人

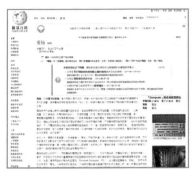

維基百科

網路上的百科全書。
誰都可以編輯，
並且能看到修改的結果。
資料的項目也能隨意增加！

不論在哪，
大家都能隨時更新資料，
非常方便！

KINTONE

由 Cybozu 提供的群組軟
體，也為日本學校的「程
式設計」課所使用。

協力編成的百科全書！

維基百科——節省資源的網路百科全書

　　集合少數專業人士謹慎編寫出來的紙本百科全書，出版後要修正錯誤是一件相當麻煩的事。維基百科就簡單多了。像中文版的維基百科，就有超過265萬人合力在編寫，且修改錯誤也不需耗費什麼資源和成本就能完成。

　　中文版的維基百科至今已有106萬條的資料，而且還在持續增加中。維基百科之所以編寫容易，其中一個原因也是因為利用了在本書第5章說明的「版本控制系統」的緣故，因此如果誰寫了不正確的資訊，其他人隨時都可以把資料還原並重寫，非常便利。

🔍 維基百科的「規則」

　　維基百科雖然是誰都能編修的百科全書，但並不是毫無規則的，為了能成為專業的百科全書，有一些規則必須遵守。

　　舉例來說，維基百科既然是「百科全書」，就必須要「陳述事實」，而不是寫編者個人的主觀意見。因為對各事物的解釋總是會因人而異，所以如果出現「我覺得應該是這樣」的主觀意見，就會將似是而非的事實寫進維基百科，認為「不對」的人就會來刪改或重寫，變成一場多位編者的戰爭。

　　總之，維基百科的內容並不是以個人的思維為主，而是要有憑有據，撰寫事實，例如「某條資料是出自哪本書？」等等，都必須載明。維基百科視記載資料的「出處」為規則之一。只要資料有記載出處，有興趣的讀者就會覺得「這是真的嗎？」然後親自去驗證。因此，維基百科上有確切記載出處的資料，基本上都是良好的資料哦。

⚙ 編者的全新溝通方式

在維基百科中，每條資料都有可以跟其他編者討論的頁面哦，大家可在這裡對話、議論，進行許多溝通。

這是拜網路所賜而誕生的一種新的溝通方式，例如用電話或面對面說話時，交談的內容並不會被保存記錄下來，而寄出手寫信件的方式雖然能保存文字，但相對費時。網路的問世，像維基百科、電子信箱、聊天室等，就能用文字進行快速溝通，文字也會留存，對話內容可以想看的時候再看，當然也能進行 3 人以上的對話。

彙整各種情報的地方

當我們用聊天室或電子郵件與他人對話時，溝通過程的文字和資訊都會留存下來，能隨時反覆閱讀。但如果只想找某段資訊，卻還要把所有內容讀過一遍才能找到，真的是既麻煩又費時，這種時候就會想要把資訊彙整並分類後，放在某個地方吧？

假如在公司工作時，跟其他同事做了許多討論並彙整資料後，可以放在一個類似維基百科、大家可以共同編輯的軟體，對於所有同事都會方便許多。這類可供多數人或團體使用的軟體就稱為「群組軟體」。聊天室、電子郵件、維基百科等，廣義來說都算是群組軟體。

與維基百科不同的是，公司所使用的群組軟體是屬於非公開性質的，所以一般不會知道使用者有多少。不過像是 Cybozu 所製作的群組軟體，目前就有超過 75000 家公司使用中，使用者估計至少有幾百萬人！

不集結也能協力完成工作

當需要人力來共同做某件事時，以前的話就需要號召大家集結在一起。就像在各位的爺爺奶奶那個時代，若要請員工共同做某件事，不集結公司所有相關的人是不行的。

但像維基百科就不需經過這個過程，大家也能自動前來作業。網路造就了全新的溝通形式和彙整資料的方法。其實本書的撰寫過程，也是用網路在群組軟體裡邊討論、邊撰寫資料完成的哦。

現今這個時代，家中有小嬰兒或年長者的家庭越來越多，為了育兒或照護老人而無法到公司上班的人也漸漸增多，因為這些原因辭去工作的人也不在少數。所以若能實踐不需集結員工甚至在家就能工作的理想，一定很棒。

若工作能透過網絡進行，在家就能進行作業，如此一來就不見得非親赴公司不可。這正是拜網路所賜的結果。

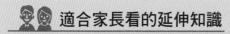 適合家長看的延伸知識

【無法信任維基百科的資訊嗎？】

一定有人覺得，每個人都可以任意編輯修改的維基百科沒有參考價值吧。

事實上，維基百科的資訊的確不能百分百信賴。尤其是那些新登錄、很少人看過的資料，因為還沒有經過各方的檢視，通常可信度很低。

但話說回來，就算是已經出版的百科全書也不一定完全無誤。即便是由許多專家共同撰寫，再經過無數人校正、修改，出版後還是有可能發現錯誤。就連日本最具代表性的辭典《廣辭苑》，也剛在 2018 年發行第 7 版後發現「島波海道」島嶼的名稱有誤，製作了大量勘誤卡。前前後後花了 10 年的時間，都還在進行內容的修正。

凡是人就會犯錯，沒有辦法完全信賴。我們只能透過反覆修正，讓內容越來越正確。

不過即使是這樣的情況，我們在檢索網路資料時，還是可以透過幾個小技巧增加可信度。舉例來說，假如你發現日文版的維基百科記述量少，對內容的正確性抱持懷疑時，不妨試著改瀏覽英文版的介面。英文版的維基百科平均每個月有將近 13 萬筆編輯紀錄，遠高於日本 10 倍。檢視的人越多，錯誤被發現的機率自然也越高。

另外還有一個方法，就是多利用政府機關的網頁。

民間機構為賺取點閱率，有時會放上未經過查證的醫療資訊等訊息。所以相對來說，政府機關網站上的資訊因為沒有這層考量，可信度相對較高。

程式設計小教室

【簡易版的 Wiki】

01. 如果WiKi資料庫收到「顯示頁面」的要求：

02.   將頁面名稱交給WiKi資料庫，讓系統擷取頁面內容

03.   將頁面內容轉成符合web瀏覽器的書寫形式
    （變換成HTML）

04.   送出轉換形式後的數據，並顯示於畫面上後結束

05. 如果WiKi資料庫收到「編輯頁面資訊」的要求：

06.   將頁面名稱交給WiKi資料庫，讓系統擷取頁面內容

07.   將可編輯內容的部分，作為頁面顯示的內容

08.   無法編輯的部分將不被顯示，但仍放進頁面內容 [*1]

09.   送出「編輯完成」的數據後結束

10. 如果WiKi資料庫收到「更新頁面」的要求：

11.   將頁面名稱交給WiKi資料庫，讓系統擷取頁面內容

12.   如果頁面內容和非顯示的數據不平衡，

13.   顯示「因為寫入衝突，請重新安裝並重新啟動」後結束 [*2]

14.   將頁面名稱和編輯後的新內容，交給WiFi資料庫登錄並結束

【註】

*1 一定很多人不太清楚 web 頁面其實隱藏著「未顯示也無法編輯」的數據，但在寫程式時就會用到哦。這些數據，在看得見的頁面進行「更新頁面」時，也會跟著送出。

*2 寫入衝突的意思是「A 在編輯資料時，B 也在編輯並更新所造成的衝突」。若無視這些衝突，只寫入 A 送出的數據，那麼 B 好不容易寫的內容就會消失。因此為了避免這類事情發生，當衝突發生時，保存所有改寫的部分是必須的。世上優秀的 wiki 大多能在發生寫入衝突時，將雙方編輯的結果作一恰當的混合，並提出「這樣好嗎？」的提案機能。但這個簡易版的 Wiki 還無法做到。在這個程式中，編輯前的內容會作為隱藏數據一起送出，並比對是否與資料庫的內容有所衝突。

總結

　　與紙本的百科全書不同，維基百科是由許多非專業的人製作而成的。所以在維基百科中設置了針對各個資料內容討論的頁面。因為文字會被留存下來，討論過程中的內容就能隨時再回來讀取。

　　在公司工作時也一樣，「群組軟體」就像維基百科，能提供讓大家共同編輯的頁面，並將資訊彙整在某一地方。

　　有了群組軟體的協助，在家裡能處理工作，不必非得到公司了！

第 10 章

小幫手的指示書 和程式語言

在電腦中的小幫手，
若沒有指示書（程式）是無法工作的。
雖然我們平常是用我們的語言對話，
但下指令給小幫手時需要專業用語，
也就是「程式語言」。
現在就一起來了解「程式語言」吧！

C 語言

```
int a = 0, i;
for(i = 1; i <= 10; i++){
    a += i;
}
```

嗯嗯　嗯嗯

其實「程式語

機器語言

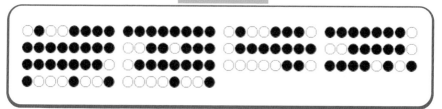

Scratch

撫子

```
カメ作成
6回
    100だけカメ進む
    60だけカメ右回転
ここまで。
```

依「想要電腦做什麼」
而有許多種類的
程式語言！

組合語言

```
    MOV  AL,0
    MOV  CL,1
lp: ADD  AL,CL
    ADD  CL,1
    CMP  CL,10
    JBE  lp
```

Python

```
def start():
    penDown()
    for i in range(6):
        forward(100)
        right(60)
```

言」有很多種類哦！

實際程式舉例：Scratch 和 C 語言

下面的 2 個例子都是為了讓小幫手運作的程式哦。電腦要做事情的時候都必須用這樣的指示書（程式）來運作。

首先，「Scratch」將程式指令轉化為積木方塊的形態，透過積木組合，就能編排出程式。當像譬如下圖，將「下筆」、「重覆 6 次」等積木方塊組成動作指令後，螢幕上的虛擬角色就會按照指令運作。而能夠有這樣運作，都是靠著螢幕上的六角形哦。

而旁邊的「C 語言」雖然是以許多英文和符號，但內容是跟「Scratch」相同的。程式設計師在工作時所寫的，就是像這樣的英文和符號所組成的程式。

⚙️ 程式語言有很多種類

Arduino
Sratch
Processing
JavaScript
Python
Java
C 語言
組合語言
機械語言

　　前面雖然是用 Scratch 和 C 語言這 2 種程式語言舉例，但程式語言還有許多種類哦。以前程式語言對人們來說或許有點難理解，但隨著經驗累積，程式語言已慢慢調整成人們容易理解的形式了。而程式設計師就是依據「想讓電腦要做什麼」來分別使用不同的程式語言。

📷 機械語言

　　首先來看看小幫手如何執行「機器語言」吧！

　　這個程式是「從 1 加到 10」的指令。

　　機器語言是利用 ON 和 OFF 的組合來傳達指令的，這裡的 ON 為白色圓圈、OFF 為黑色圓圈。

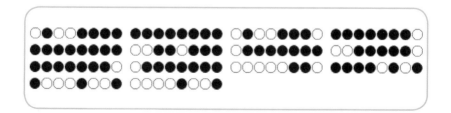

　　小幫手就是讀取這個上圖的指令來工作。更早之前還會寫入切換 ON、OFF 的指令。

📺 組合語言

前面用 ON、OFF 的組合來寫機器語言，其實對人類來說太複雜了。所以後來有人改良出比較好寫的形式，可以用這形式將其變換成機器語言，這就是組合語言。

若使用組合語言，1 加到 10 的程式就會變成如下圖所示這樣，以 ADD（相加）或 CMP（比較）等指令來組合成程式。

```
        MOV  AL,0
        MOV  CL,1
lp:     ADD  AL,CL
        ADD  CL,1
        CMP  CL,10
        JBE  lp
```

左圖中，AL 為 0，CL 為 1。整個程式表示：當 AL 加上 CL，CL 加上 1，CL 與 10 比較，而 CL 為 10 以下的話，跳到第 3 行（lp）。

📺 C 語言

以前人由於非常想簡化程式語言的書寫方式，所以研發出很多種程式語言，剛才提到的組合語言就是一種。而另一種就是 C 語言。如果用 C 語言寫出 1 加到 10 的程式，就會是下圖這樣的形式。

```
int a = 0, i;
for(i = 1; i <= 10; i++){
    a += i;
}
```

我們繼續往下探究 C 語言的程式吧。

相較 Scratch，大家是不是更不懂「int i」了？「int i」到底是什麼？

「int i」叫做「變數」。在下圖的程式中，若要對小幫手下達「重覆 6 次」的指令，下達時首先會告訴小幫手「請準備一個能寫下目前是第幾次的位置」。這個位置在這個程式中稱為「i」。

所在位置的名稱可以隨意取，例如「howmanytimes」（幾次）之類的都可以。

第 5 行的「i=0」是「請在這個地方寫上 0」的意思。

「i<6」代表「寫在那裡的數字若沒有小於 6」的意思，「i++」則為「請將寫在那裡的數字加 1」的意思。

當「for」的指令滿足「i<6」時，就會執行後面被大括弧包圍的程式。

```
void start(void)
{
    int i;
    penDown();
    for (i = 0; i < 6; i++) {
        forward(100);
        right(60);
    }
}
```

C 語言

Forward（100）是什麼？

　　一樣用前頁 C 語言的例子來解說。各位在前頁的程式中，有看到寫著「forward（100）」的指令對吧？這代表一個「函數」。

　　C 語言的「forward（100）」就等於 Sratch 的「移動 100 步」，在這兩種程式中，雖然都只有一行指令，但你可能不知道，小幫手其實是需要做出很多瑣碎動作的哦。例如：「將現在位置上的貓咪消除」、「更新貓咪的位置」、「畫線」、「在新的位置畫上貓咪」等等。

　　然而，每次想要「移動 100 步」的時候，就要對小幫手下達這麼多的指令，實在有點麻煩，這時就可以針對常使用的指令，使用「函數」來表示，並給這函數附上一個名稱。就像下圖這樣的方式：

---

forward（x）：
　　1：將**貓咪**的現在位置稱為 OLD
　　2：將**貓咪**刪除
　　3：在 OLD 加上「貓咪原本的位置乘以 X（數字）」
　　　　稱為**貓咪的新位置**
　　4：從 OLD 到**貓咪的新位置**畫一條線
　　5：在**貓咪的新位置**畫一隻貓咪
　　6：將**貓咪的新位置**稱為**貓咪的現在位置**

　　像這樣把所有指令用函數先「定義」下來，之後寫程式時，只要寫上「forward（100）」，就能叫出這組指令來使用了。是不是很方便呢？

　　在 P99 介紹 C 語言的時候，其實也有用到名叫 start 的函數哦。但因為 C 語言的函數中沒有相當於 P96 的 Scratch 例子中，第一行的「將旗子消除的時候」這個指令，所以這個指令在 C 語言是設計成「將旗子消除後，再叫出 start 函數」。

📷 JavaScript

JavaScript 是顯示網路頁面程式「瀏覽器」上所運作的程式語言。
大家在上網時，瀏覽器的小幫手可是拚命執行 JavaScript 程式哦！

```javascript
function start() {
  penDown();
  for(var i = 0; i < 6; i++) {
    forward(100);
    right(60);
  }
}
```

```javascript
const start = () => {
  penDown();
  for(let i = 0; i < 6; i++) {
    forward(100);
    right(60);
  }
};
```

JavaScript 的程式有點像 C 語言，
但為了發展成更好的語言，
有做了許多改善，
現在也漸漸演變成與 C 語言
越來越不像的書寫形式了。

🤖 Python

Python 是 2017 年人氣第一名的程式語言。在 C 語言或 JavaScript 中，都是使用大括弧來顯示程式區塊，而 Python 是用開頭空四格的方式來顯示程式區塊。

C 語言和 JavaScript 用開頭空一格的方式雖然看起來很整齊，但其實即使沒有空一格，程式也能運作。不過專家先生為了盡可能讓程式語言更清楚，所以都有空一格。而 Python 若沒有整齊地空四格可是無法運作的哦。反過來說，就是正常運作的 Python 是需要空四格的。

```
def start():
    penDown()
    for i in range(6):
        forward(100)
        right(60)
```

🤖 Java

Java 是一種廣泛被使用的程式語言，像在 Android 中運作的程式就是用 Java 寫的。

這個程式語言看似跟 JavaScript 名稱很像，但其實是不同的程式語言。由於此程式語言在形式上幾乎跟 C 語言沒什麼兩樣，所以在此就省略說明。

🤖 Processing 和 Arduino

到這邊為止所介紹的程式語言，大部分都是用文字排列的方式來製作程式，而 Scratch 是用積木的組合來製作。但這個差異並不是本質上的差異。

各種程式語言相較之下，最大的差異是：除了 Scratch 以外，製作程式的工具和為了執行程式而因地制宜的部分。若不將各種程式語言需求準備好，就無法執行程式，會變成才剛開始就徒勞無功了哦。

　　最近的程式設計師，即便是工作上所使用的程式語言，使用「將製作程式的工具與執行環境結合」的「整合開發環境」（IDE）的比例逐漸增加。例如 Visual Stusio、Eclipse 或 PyCharm 都是所謂「整合開發環境」。Sratch 則是附在整合開發環境的程式語言。

　　Processing 也是整合開發環境中的程式語言之一。為了讓圖形在電腦上更方便處理而特別設計的。Arduino 也是一樣的方式，為了讓人更方便處理微電腦而特別設計的。

撫子語言

　　應該有人會有「程式語言全部都是英文嗎？」的疑問吧？

　　其實也有用英文以外的文字寫成的程式語言哦！其中一個就是用日文寫成的「撫子語言」。

　　用撫子語言寫出與 Scratch 相同的程式，就會變成下圖這樣：

```
カメ作成
6回
    100だけカメ進む
    60だけカメ右回転
ここまで。
```

因為本章出現了許多程式，所以這章的「程式設計小教室」專欄就先休息一次，下章見！

第11章

到底要學哪種程式語言呢？

在第 10 章裡，
我們介紹了許多種類的程式語言
但這些程式語言到各位長大後還會存在嗎？
接下來，我們將告訴大家
在學習程式語言之前要先了解的事。

> 參考 YouTube 的例子，
> 了解不同的程式語言
> 如何被區分使用吧！

 YouTube

不要煩惱，

📷 依需求使用不同的程式語言

　　程式語言的種類繁多，程式設計師們會依照需求、目的分門別類地使用它們。讓我們用「YouTube」舉例說明吧！

　　在伺服器中工作的小幫手，是根據 C、C++、Python、Java、Go 所寫出的語言在運作。

　　在電腦的瀏覽器觀看影片時，瀏覽器小幫手是遵照 HTML5 和 JavaScript 寫的指令運作。手機和平板電腦也是，只要是用瀏覽器觀看，都是使用一樣的程式語言。

　　只是 YouTube 專用的手機應用程式，是用 Java 或 Swift 來寫的。

　　配合不同地方工作的小幫手，會使用著不同的程式語言。所以只學一種程式語言稱不上是完美。而是要依照程式語言的目的，學習多種語言來分別使用。

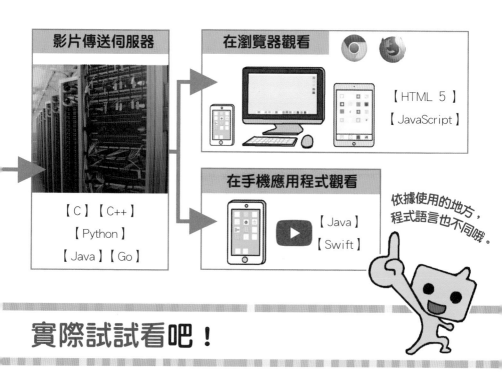

依據使用的地方，程式語言也不同哦。

實際試試看吧！

或許有些人會在意學習哪種程式語言，才是對未來最有用處的呢？

其實程式語言是很容易就會消失的東西，誰也不知道 10 年後會變成怎麼樣。例如現在的 YouTube 是使用一種叫做 HTML5 的程式語言，但未來不一定不會改變。

像 YouTube 在 2005 年創業時，是使用 Flash。

製作 Flash 的公司，卻在 2017 年發表「將在 2020 年結束支援」。所以在 2005 年用 Flash 製作 YouTube 的人，不會想到 10 年後 Flash 會無法使用吧？

誰也不知道未來會發生什麼事。即便有人說「只要將這個程式語言學好，以後一定沒問題」這種話，各位也絕對不要信。

　　與其糾結著要學哪種程式語言比較好，不如先思考要做什麼樣的程式，再學習能做該程式的語言吧！

　　以上這些都是專家的意見哦！

（※ 宇宙萬物時時刻刻都在變化，一刻也不會停留。）

程式語言是「工具」

　　程式語言的本質其實只是個工具。

　　但因為程式設計現在很紅，很多人會想說「雖然還沒決定好要做什麼，總之就是先試看看程式設計吧！」這我們也能理解。

　　不過如果問專家「我想試看看程式設計！請問這個語言跟那個語言，學哪個比較好？」，專家會覺得等於聽到像是「我想當木工！鋸子跟槌子哪個比較好？」的感覺一樣，其實與其去比較學習哪個程式語言較好，還是得根據你想做什麼。

　　首先，你要有想做的東西，然後再思考「製作這個東西時，需要哪種工具？」這時再來選擇工具。這才是程式語言存在的意義。

一開始用什麼語言都可以

　　如果真的很煩惱要學哪個程式語言而猶豫不決，不如隨意選一個來學吧。不論是朋友或仰慕的人所使用的，或學校用的程式語言，都可以哦。

　　不管學習哪種程式語言，都會成為學習另一種程式語言的助力。況且一直煩惱著「要學什麼好呢？」也沒有任何幫助。不要想太多，如果有興趣，就逐步都學看看吧！

學了一種語言，就再學一種

　　如果你已經可以用一種程式語言做出許多程式，我們建議可以繼續學第二種。同時會兩種程式語言，可以了解兩者之間的相似處和相異處。而且說不定所學習的程式語言有共同的理念，與 10 年後的程式語言還能相通。

　　像是在前一章中解說的「函數」理念，在 C 語言、JavaScript 及 Python都是相通的。但從外觀看來，Python 比較獨特對吧？雖然在外觀看來有些許不同，卻仍是相同的理念哦。大多數的程式設計師所使用的語言，即使外觀不同，但總是會有相同理念的部分。

　　當然，也有極少數非常獨特的程式語言，例如 Viscuit、Alloy 及 Coq。這些程式語言日後若能接觸看看也不錯！

　　藉由學習不同的程式語言，能了解彼此的相似處及差異處，而且會成為學習程式語言的動力，這個動力對學習來說非常重要。

程式語言是人類製作的

本章提到的程式語言，全部都是人類製作的哦！各位可能會有疑問，究竟這些程式語言是根據什麼樣的目的而製作的呢？

這些目的雖然包含有像「就只是想做做看」或「看起來很有趣」的情況，但基本上還是「想要事情變得更簡單、輕鬆」。

世界上的人，大部分都是為了讓生活更加方便而努力著，只是，要讓怎樣的東西變得更為方便，想法會因人而異。也許是想製作讓工作更有效率的程式，或是想更輕鬆地製作出漂亮的 CG（電腦圖形），或想更輕鬆地製作出遊戲等等。

人類想做的事數也數不清，所以誕生了各式各樣的程式語言。

適合家長看的延伸知識

【要注意那些鼓吹學特定程式語言的人】

不論小孩或大人，很多人會將一開始所學到的程式語言奉為圭臬。但是，「應該學習哪種程式語言」這個問題是沒有正解的。

正因為沒有正解，所以很多人對於自己的選擇會感到不安，然後為了相信自己的選擇是正確的，就會開始貶低其他程式語言，並宣揚自己所選的程式語言是多麼優秀，且拉攏夥伴一起來學。

像這樣大言不慚地說「學這個程式語言才是正確」的人，比起回答「沒有正解、要依據不同目的」的人，看起來或許更有自信、一副很讓人信任的樣子，但事實上遇到這種人反而必須多加留心。

程式設計小教室

【二元搜尋】

01. a ← 1 [*1]

02. b ← 100

03. 重複第 **04** 行到第 **08** 行

04. 計算 c ←（a+b）÷2 捨去小數點以下

05. 如果 c 的數字與 x 相同的話，則答案為「第 c 個」
並結束

06. 如果 c 比 x 大，則 b ← c-1

07. 如果 c 比 x 小，則 a ← c+1

08. 如果與 a 相比 b 較小，則「搜尋不到」並結束
（這裡回到第 **04** 行重複）

以上的程式與本章內容
沒有關係哦，
是專家想寫一下
自己喜歡的程式。

【二元搜尋】

二元搜尋的作法（演算法）是將數字由小排列到 100 個時，可以找出所搜尋的 x 數是在第幾個。

用這個方法在 100 個數字裡搜尋時，最多重複 7 次就能找出來，一般來說，按照順序來找可能要重複 100 次也說不定，相較之下真的很厲害呢。

從 100 萬個中搜尋，最多也只重複 20 次就能找到，很棒吧！

若要解釋為什麼能這麼順利找到，大概就是因為是從該範圍的正中間抽選出來做比較，於是範圍就會漸漸縮小，最後找出答案。

＊1「←」的意思是，計算符號右邊的數值，寫入在左邊變數的指令。

總結

程式語言是個工具，如果想嘗試程式設計，首先應該是有了想做的東西，然後再思考「製作那個東西需要哪種工具好呢？」。所以程式設計師是依照目的需求來選用多種程式語言。

程式語言也是很容易就會消失的東西，誰也不知道 10 年後會變怎樣。

與其去煩惱「該學什麼程式語言比較好」，不如多方嘗試。這才是真正的捷徑。

第12章

學程式設計
不要害怕失敗

該怎麼學程式設計？
其實方法就是實際去操作，
失敗了就去找原因，熟能生巧！
如果只有閱讀書籍或聽老師講課，
是沒有辦法學好的。

程式設計教室

近年，針對孩子開設的程式設計
教室或講座，在世界各地都越來
越多，不論是國小或國中生，都
有相對應程度的課程可以學習。

怎麼學程式設計

🎮 程式設計是需要學的嗎？

程式設計跟在學校學習的課程有點不同。像歷史或國文等學科，都有答案對吧？上這些課程時大多是老師教我們教科書上的東西，然後我們把它背起來。

但程式設計不同。就算是把教科書上的內容背起來或聽老師的講解，也不見得會變得很會寫程式。

大家有在美術課或家政課做過東西吧？不論是要畫畫、編織或烤餅乾等，最重要的是自己動手做。

學習的重點並不是要各位完全按照教科書中寫的依樣畫葫蘆。而是如果你有想做的東西，就做自己想做的就好了。

大家小時候都有用蠟筆繪畫或捏黏土的經驗吧？一邊做自己想做的東西，一邊透過各種嘗試，讓自己對所學的事越來越上手。

程式設計也是一樣的道理。自己動手操作，試著對小幫手下達不同的指令，小幫手也會變得越來越靈活。

沒有唯一的答案！

🎮 一開始只要先嘗試一點點就好了

　　世界上有很多讓生活變得便利的東西對吧？但有時會覺得，有些東西跟自己希望的還有段差距，應該可以更好。這時候就需要具備自行解決的能力，也可以說，需要具備做出獨一無二的新事物的能力。

　　就像在做布偶時，加上一點裝飾也很棒。不過也不用什麼東西都要全部自己做。就算是專業的人，也不是連布都自己做吧？用現有的布和棉花組合後下去剪裁，做出自己想要的形狀也是可以的。

專家也是在失敗中不斷修正

要挑戰做新東西時，一定會經歷失敗的考驗。

但歷經失敗是非常重要的過程。經由思考為什麼失敗、怎麼做才能順利進行，化失敗為力量，之後就能如魚得水。所以靠自己找到失敗的原因，並將之修正，是邁向成功的必須要件。

即使是經驗豐富的程式設計師也是如此，每日都經歷著失敗、修正的工作。所以失敗並不是壞事哦。

在電影或戲劇裡，也許有出現過主角寫入一大堆程式後一次就能運作的劇情。但那都是騙人的！除非是非常非常簡單的程式，否則一次就能運作成功的機率，基本上微乎其微。

寫出的程式無法按照所預期的正常運作，這種情況稱為 BUG（程式錯誤）。程式設計師為了找出並擊敗 BUG，總是會花很多時間。

以下為各位稍微說明尋找 BUG 的祕訣，相信對各位會非常有幫助的！

尋找 BUG 的祕訣

一開始，程式只要先寫一點點就好了。因為讓程式能夠一次就運作成功非常困難，而且如果已經寫了一個段落後，才發現不能順利運作，要突破盲點更是難上加難。

因此，只要先寫出程式的一小部分就馬上先執行並確認看看吧！確認能依照預期運作之後，再慢慢增加或改善。

將 BUG 的範圍縮小

即使是一點一點地增加程式的功能，但只要程式的內容越寫越多，無法順利運作的可能性就會增加。這時候，就從「程式能順利運作到哪？」來縮小範圍。例如，為什麼程式沒有輸出任何東西就結束了？想要找出原因的話，就在程式裡大概正中間、寫著例如「hello」的畫面中，試著寫上輸出的命令並執行。這樣一來，只要畫面中出現「hello」的話，就代表程式到那個階段為止都能正確執行。所以 BUG 是出現在程式的後半段。相反的，如果畫面中沒有出現「hello」的話，BUG 就是在程式的前半段。用這樣分成一半的方式來縮小範圍，藉此找尋 BUG 出現的地方。

適合家長看的延伸知識

【原因 ‧ 驗證 ‧ 縮小範圍】

如果發生了「輸出的指令在螢幕上沒有照預期的方式運作」的情況，代表程式有了 BUG。接著，就用「開始回想可能是什麼原因」的「回想力」、「要用什麼方法才能驗證」的「思考力」，以及「觀察測試結果將原因的範圍縮小」的能力，用這三種力量來找出程式的 BUG。

把大程式拆成小程式再找 BUG

較小的程式比較容易找到問題。所以當要找出較大程式的問題時，可將與問題發生不太相關的地方先一個個刪除，把大程式拆解變成小程式，會比較容易哦。

可是，好不容易寫好的程式就這樣刪除了，覺得很可惜嗎？那就將未修改前的大程式先複製到別的地方備份吧！

將大程式慢慢刪除變小後，找出 BUG 的位置，再將大程式還原並修正

就行了。

在第 5 章中，各位還記得我們提過「版本控制系統」吧？只要把修改前的程式儲存起來，就能安心地刪除了。而且歷史紀錄都會存檔，只要發現任何問題，都能用追溯歷史紀錄的方式來確認問題是在哪時發生的。

⚙ 協助找出 BUG 的「斷點」功能

程式設計師為了找出程式的 BUG，通常會使用名叫「斷點」（Breakpoint）的功能，這是在 IDE（整合開發環境）裡的除錯工具（debugger）中一個非常方便的功能。

程式設計師會在測試程式的運作時，設定一些讓程式停止或暫停的點，藉此來觀察當程式運作到斷點時，程式的執行是否正常或是否有 BUG。

🔍 區分「事實」和「解釋」

對自己寫的程式，應該常有「這個變數應該要變成那樣」的想法吧？但這都是自己單方面的認知。一起來確認事實如何吧！將該變數值輸出看看，或許會意外發現與自己所想的數值不一樣哦。

程式無法照預期的方式運作，通常是由於「程式中應該發生的」和「程式中實際發生的」不一致所導致。究竟哪些是你的主觀意識？哪些是作為事實而被確認的事？要將這兩者明確區分開來，一步一步去確認事實，才是最重要的。

在 Cybozu 公司中，我們稱之為「區分事實和解釋」，不僅是程式設計師，包含全體員工都要銘記在心。

程式設計小教室

【合併排序演算法（ merge sort ）】[1]

01. 將想分類的資料流放到正中間的位置
　　 並分割製作成 2 個資料流

02. 如果切割成一半的資料流後，長度比 1 還大，

03. 　　 就對此先執行「排序演算法」並從小的順位重新排序[2]

04. 將資料流清空初始化，來保存重新排序的結果

05. 重複第 06 行到第 10 行

06. 　　 若兩邊的資料流都空了，結束

07. 　　 若一邊的資料流空了，

08. 　　　　 從不是空的那端取樣一個數據，
　　　　　　 追加到資料流的末端用來保存重新排列的結果

09. 　　 若兩端都有數據，

10. 　　　　 比較兩個先端的數據，取樣較小的那邊，
　　　　　　 追加到資料流的末端用來保存重新排列的結果

　　 （至此回到第 06 行重複操作）

> 這個程式也與
> 本章內容無關。
> 專家先生試著將喜歡的
> 程式寫出來看看。

*1 合併分類的意思是，將數據由小開始重新排列等統整的作業。將數據先整理分類好，就能使用前一章中的二分搜尋演算法。這樣一來，即使數據再多都能高速搜尋。如此重要的分類現在也發明出許多種作法，但這次只介紹其中一個哦。

*2 合併排序演算法的程式中，有使用到演算法裡的一個非常厲害的招式哦。這個招式就是稱為「遞迴」的高級技術。

雖然運用此技術寫出的程式碼感覺上會變成一個無限循環，看似撰寫失敗，但這個程式會不斷將資料流對半分割，直到資料流的長度參數變成「1」為止。若進行到此階段，基於排序演算法的規則，系統就會停止遞迴的重複循環，如此便能順利進行資料的處理。排序演算法優秀的地方在於：假設系統有 4 個小幫手（CPU），當系統接收到長度參數為「100」的資料流時，會先分割為 50 跟 50，再繼續分割成 4 個長度參數為「25」的資料流，接著將 4 份重新排列的資料流各別分派給 4 個小幫手進行處理。由於分工後的小幫手不需要再向人其他討論工作，就能集中處理自己負責的資料流，即可輕而易舉達到高速運作。如此一來，原本的資料流被分割成 4 份後，再由 4 個小幫手 1 人 1 份整理上傳，這樣就完成工作了！

總結

即使讀了相關書籍，也不見得能學好程式設計。唯有動手做，並從失敗中學習，才能學好。大家閱讀本書後，應該對程式設計有一定概念了吧？再來就是實際操作了哦。若剛好身邊有可以指導的人，不妨試著聽取他的建議。若身邊沒有能指導的人，也可以上網找資料自學。若想要認識年齡相仿的朋友，或了解程式設計的人，可以搜尋看看附近的學習場所，然後利用程式做出嶄新的東西吧！這是得到創作新事物力量的唯一方法！

幫孩子創造學習動力的方法

學習程式設計最重要的是多挑戰、多累積失敗經驗。如果孩子有了「非得到正解不可」的壓力，他們可能會害怕挑戰，失敗一次後就心生恐懼。所以創造一個讓孩子能安心學習並勇於挑戰的環境，以激發他們的學習動力非常重要。

關於如何激發孩子們的動力，我們認為有個好方法，就是找一個「對手」。在我們所營運的社群中，集結著一群學習能力相當的中小學生，經常熱烈地彼此討論。只要誰做了遊戲出來，就會向夥伴們炫耀，大家會異口同聲地發出「哦！」然後開始一起玩那個遊戲。接著就會開始討論「這遊戲是怎麼做出來的？」或「雖然看了這個遊戲程式，但這裡有點不懂」而開始相互教導。過幾天後，又會換另一個人炫耀自己做的遊戲。孩子的表現欲跟求知欲會形成一個循環，在這之中能讓彼此快速成長。即便沒有老師或其他大人給予的動機，若有適當的對手，我們相信孩子還是能迅速上手。

相反的，例如當我們說：「讓孩子們自發性的去創作新的東西吧！」有家長聽見這句話時或許會覺得「這個跟考試無關吧？」、「拜託請教課本上的東西。」但擁有模仿課本內容的能力，跟能夠創造出新事物的能力，到底哪一個比較重要？我們認為是後者。孩子若擁有創造新事物的能力和經驗，在面對未來時就能夠成為解決問題的力量。因此從長期來看是很重要的能力。

另外，也有大人看著孩子做出來的東西，會說出「跟這個類似的東西已經有了」的話。因為大人的人生經歷比孩子長，很容易脫口而出這樣的批判。的確，某些大人對前人所做出來的東西瞭若指掌，但孩子們可能是在不知道這些東西的情況下，做出相似的東西，這不是很厲害嗎？調查過去事物的能力是可以在成長過程中慢慢培養的，但「能自己做出創新的東西」的自我肯定感，要在長大後再獲得，卻是非常困難的。

當孩子自發地做出創新事物時，一切都有他們的「動機」。即使跟原有事物很像，但其實有根本上的不同。雖然做出來的東西現階段在大人眼中不算很厲害，但也不該輕視孩子剛萌芽的創造力，而是要把它培養成將來做出更優秀東西的能力。

下圖是 Cybozu 舉辦的「Kids Work Shop for kitone（你也可以做到系統開發）」的實況照片。孩子們正將自己所做的東西與同齡朋友和其他參加者做簡報。

　　在台灣，除了將程式教育列入 108 年國高中課綱，體制外的程式設計學校、夏令營、社團等也如火如荼地發展中。此外，程式設計以可以利用網路自學。所以，別再煩惱該用哪一種方式學習，哪種方式都可以，趕緊選一個來體驗看看吧！若還有時間不妨再學第二種看看，可以把學到的兩個程式語言拿來比較看看。

　　請各位家長務必讓孩子保持在高度學習動機之下去嘗試失敗，並給予勇氣，支持他們！

各章概要

第1章 什麼是程式？

本章說明「程式」是什麼，以及程式究竟是怎麼運作的。因為本書前身是以電腦程式為主題在月刊上連載，所以本章先說明何謂「程式」。

第2章 電鍋裡也有程式在運作？

因為想讓大家感受我們生活周遭熟悉的電子產品，幾乎都是由「程式」在運作，所以以此為主題做介紹。

說到「程式」，可能在大家印象中都是使用在電腦或手機的應用程式等地方，但事實上不限於此，程式可以應用的範圍比想像中的還要更多。所以程式設計師才會在許多不同領域活躍著。

第3章 商店的大功臣！收銀機裡的程式

第2章曾以「電鍋」為例，描述程式如何取代人類生火煮飯。但必須記得，使用電腦不只是要用來取代人類做的事，更重要的是比起人類來做，有些事用電腦可以做得更好。本章舉了「收銀機」的例子。

用「條碼」的話，人們就再也不必貼價格標籤在商品上了。為什麼呢？這是因為收銀機已經將商品的價格全部記起來了！不僅如此，人類也不再需要動手輸入商品編號，因為讀碼機能夠更快速、又正確地讀取條碼上的金額。

讀碼機能有如此低的出錯率，是不是比人類還優秀呢。因此，收銀機並不只是用來取代人類，還能做出超乎人類所及的工作效率。「程式設計」就是為了實踐這個宗旨。

第4章 智慧型手機中的超級小幫手

之所以會有本章的出現，是因為我們認為，小朋友如果不只會使用手機，還能夠理解手機的「規格表」，一定會被同學或大人稱讚「好厲害」，於是就以這個主題寫了這章。另外，我們也進而說明「電腦」是由哪些零件所組成的。

第 5 章　能夠回心轉意的 Undo 功能

　　本章介紹了電腦的「undo」功能。當然，若沒有電腦就不會有 undo 這個偉大的發明了。電腦不僅工作效率優於人類，事實上很多事情沒有電腦就無法辦到，所以才會有各種利用電腦程式所發明出來的東西。本章希望藉由說明電腦的「undo」功能讓讀者產生共鳴。

　　不過要記住，電腦並非是萬能的。連人類都還有無法觸及的領域，電腦當然也是。所以人類和電腦只要各自將自己拿手的事做好就好。

第 6 章　把人們連結起來的網際網路

　　「網路」在現代生活中已無孔不入，人們一般都不會特別留意而理所當然地使用著，但網路其實是由許多技術合作之後組成的系統。此外，在我們習慣使用智慧型手機後，一般會認為手機網路是以「無線」的方式傳輸信息，但其實是靠著「有線」的方式在傳遞，也就是所謂的「世界是由線連結而成的」。

第 7 章　電腦小幫手們的對話方式

　　第 6 章提到過由世界各地的電腦相互連結而組成的網際網路系統。但就物理方面來說，只靠「線」是無法構成網路的。各地的電腦還必須遵從一個相同的規則，也就是「網路傳輸協定」。程式設計師也必須遵照網路傳輸協定來製作程式。

　　雖然「網路傳輸協定」是本章主題，但若要詳細說明，可能會出現過多的專業知識，因此在考量之後，決定以簡單易懂的「電腦上的文字是如何呈現的」為例來說明。

第8章　傾聽宇宙聲音的定位小幫手

之所以想寫本章，是因為我們考慮到孩子們無法憑空想像手機中的許多軟體，是以什麼樣的形式在運作的。像是人氣非常高的 Pokemon GO 所使用的 GPS 技術，其實是接收遠在天邊的人造衛星的電波來運作。這是不是很厲害，卻很難想像呢？

此外像我們發射的火箭，其所需的 GPS 系統製作技術，其實都跟孩子在學校所學到的化學、物理、數學等課程相關，都是孩子一定要懂的知識。

第9章　大家一起寫的百科全書

Wikipedia 的製作也是電腦時代的一大發明。相較於以前「因為不能失誤，所以要慎重確認好幾次」的紙本百科全書的作法，Wikipedia 的作法是「錯了又如何？再修改就好了！」，自始至終本著「隨時能簡單地復原和修改」的開發初衷。

Wikipedia 能更有效率地收集更多資訊，並用豁然的態度去接受一時的失誤。是不是讓大家有所反思呢？

第10章　小幫手的指示書和程式語言

我們相信，比較程式語言之間的相似處與不同處，對學習程式設計有非常大的幫助。但想想，若是從第 1 章就以比較 Python 和 Java 等程式語言作為開頭，小學生可能無法接受。即便在各章裡各介紹一個程式語言，好像也達不到應有的效果。

因此對於如何從孩子的日常生活經驗出發來談程式語言，也就是說，要如何把較為抽象的程式語言結合孩子的生活來談，讓我們非常苦惱。

無論是在電腦中運作的程式、手機中運作的程式、微電腦中運作的程式，或藉由網路做連結，在伺服器中運作的程式……程式運作的應用環境非常廣，人類需求的程式語言也非常多，所以才會衍伸出這麼多種類的程式語言。

為了說明這點，才完成了這個章節。

第11章　　到底要學哪種程式語言呢？

　　在第 10 章我們介紹了程式語言之後，發覺應該有人會覺得「怎麼有那麼多種程式語言啊？好複雜！有沒有哪個是比較推薦的？」。但即使被這樣問，我們也不知怎麼回答。因為依據寫程式的人想做的事，答案會不同，而且 5 年或 10 年後當孩子長大時，哪個程式語言會變成主流，我們也完全不知道。所以，不要去浪費時間煩惱學哪個程式語言才是最好的，我們認為，先專精一種程式語言是最好的辦法。

　　以後想做的事也許會改變。某種程式語言可能會沒落。但真若如此，到時再學習新的程式語言不就好了嗎？若專精了一個，再學習另一種的話也會比較輕鬆。本章就是想傳遞這個觀念而寫的。

第12章　　學程式設計不要害怕失敗

　　在電視、電影中的天才程式設計師，能夠快速將程式寫出來又能一次就成功運作，基本上在現實中是不可能的事。我們身為程式設計師，也是每天寫錯，再費盡心思找出錯誤再修正。這並非只有在寫程式的最初階段才會發生，到現在也還是一樣。

　　失誤並不是件壞事。只要在期限前讓程式運作，在那之前失誤幾次都沒關係。並不會因為失誤了就扣分或被認為是笨蛋，大家都不會介意的。反之，若因為太在意失敗而裹足不前，很可能導致程式的開發停擺或功虧一簣。

　　勇於挑戰並能夠歷經失敗，最後必定能成功。應該沒有其他領域的工作像程式設計這樣，能夠允許多次失誤的。在程式設計的領域裡，失敗為成功之母。

後記

　　本書的前身是新聞學習雜誌《理解新聞月刊》（《News がわかる》，每日新聞社發行）中所連載的「什麼是程式設計」（プログラムって）單元的內容，主要的讀者群是中小學生。運用豐富的插圖和簡單用語來解說，一直是敞雜誌的特色。「什麼是程式設計」單元是基於想要介紹專業的程式設計世界給孩子們認識，同時也希望引發未曾體驗過程式設計的孩子們的興趣。

　　之所以連載「什麼是程式設計」單元，一開始是因為「Cybozu」有關 IT 教育的相關文章。我們將這些文章整理歸納後，發現「比起了解程式語言，找到課題和解決問題的能力才是最重要的」。於是我們確信將「AI（人工智慧）時代所需要的能力」作為連載的主題非常適合。負責此單元連載的有 Cybozu 編輯部、椋田亞砂美小姐和程式設計師西尾泰和先生、川合秀實先生（專家的真面目就是這兩位），以及敞雜誌編輯室的兩位同仁。只不過，我們並不是在最初的討論就對 AI 時代需求的能力有共識。

　　而在那之後經由不斷地討論，且擔任書中「專家」角色的兩位程式設計師也開始努力撰寫，終於將充實的文章集結成一本書。因為是寫給十幾歲到二十幾歲缺乏程式設計相關經驗的人看的書，因此在書裡我們又將重點抓出來，讓閱讀上更易懂。

　　本書與一般的程式設計書不太一樣，程式語言的介紹擺在書的後面說明，大多頁面是談機械（硬體）。因為我們認為，要學程式設計，必須要先能想像這些程式在真實社會上是怎麼被使用的。我們認為這件事比起學寫程式本身來得更重要。

　　關於孩子應該學習「什麼」，永遠沒有一個正確的答案。

　　「為了成為程式設計師，必須經歷一段修行。」本書的專家這麼說。依

據想實踐的「目的」，需要學的事物也不盡相同。在程式設計的世界裡，需要新點子去做的事情越來越多，如果只是照本宣科，是無法突破和進步的。

大家是否透過本書看見了 AI 時代需求的能力呢？這能力正是「不要害怕失敗、勇於挑戰」。除了自己要親自動動手、動動腦，擁有「能與團隊溝通的柔軟性」也相當重要。我們真實感受到「未來所需的能力」就是這些能力。當然，也不能忘記自己始終要力學不倦！

雖然本書寫的內容是「未來」必備的能力，但其實也是「現在」必須的能力。如今已經不是精通一門學術或技能就能打遍天下的時代了。比起只擁有一部分的專業知識或技術，結合更多的知識和力量，不是更能創造更高的價值嗎？

這本書就是抱持著這樣的想法而寫的。如果孩子未來想成為專業的程式設計師，抱持著這樣的想法，應當會對人們有所助益，但我們深信，不管孩子是否想成為程式設計師，身為社會這個大群體的一員，為了培育那些創造未來的人，這個想法也一定都是有助益的。

與 Cybozu 成員們的相遇，起初是因為雜誌的專欄，但後來也成為我個人豐富的財產。藉此我要將我的感謝之意獻給在工作繁忙之餘，以勢如破竹的氣勢協助我們完成此書的椋田亞砂美小姐、西尾泰和先生、川合秀實先生，當然還有提供非常吸引人的插畫的齊藤惠小姐、負責本書版型設計的油井久美子小姐，以及每日新聞出版社的名古屋剛先生、我的同仁橫田香奈小姐。

《理解新聞月刊 NEWS》編輯長

小平百惠

台灣廣廈 國際出版集團
Taiwan Mansion International Group

國家圖書館出版品預行編目（CIP）資料

小學生的程式設計基礎入門：手機如何播影片？電鍋怎麼煮飯？帶孩子從
「科技面面觀」，輕鬆培養程式邏輯思維！／才望子（Cybozu）股份有限公
司, 西尾泰和, 川合秀實作；Syuan Chang譯. -- 新北市：美藝學苑出版社,
2021.08
　面；　公分. --（知識家；13）
譯自：世界一わかりやすい！プログラミングのしくみ
ISBN 978-986-6220-40-1（平裝）
1. 電腦教育 2. 電腦程式設計 3. 初等教育
523.38　　　　　　　　　　　　　　　　　　　110010546

☆ 美藝學苑

小學生的程式設計基礎入門
手機如何播影片？電鍋怎麼煮飯？帶孩子從「科技面面觀」，輕鬆培養程式邏輯思維！

作　　者／才望子股份有限公司、 　　　　　西尾泰和、川合秀實	編輯中心編輯長／張秀環・**編輯**／彭文慧 封面設計／張家綺・**內頁排版**／菩薩蠻數位文化有限公司
翻　　譯／Syuan Chang	製版・印刷・裝訂／東豪印刷有限公司

行企研發中心總監／陳冠蒨
媒體公關組／陳柔彣
綜合業務組／何欣穎

發　行　人／江媛珍
法律顧問／第一國際法律事務所 余淑杏律師・北辰著作權事務所 蕭雄淋律師
出　　版／美藝學苑
發　　行／台灣廣廈有聲圖書有限公司
　　　　　地址：新北市235中和區中山路二段359巷7號2樓
　　　　　電話：（886）2-2225-5777・傳真：（886）2-2225-8052

代理印務・全球總經銷／知遠文化事業有限公司
　　　　　地址：新北市222深坑區北深路三段155巷25號5樓
　　　　　電話：（886）2-2664-8800・傳真：（886）2-2664-8801
郵政劃撥／劃撥帳號：18836722
　　　　　劃撥戶名：知遠文化事業有限公司（※單次購書金額未滿1000元需另付郵資70元。）

■出版日期：2021年8月
ISBN：978-986-6220-40-1

SEK AIICHI WAKARIYASUI ! PROGRAMMING NO SHIKUMI
by Cybozu, Inc. and edited by Mainichi Shimbun Publishing Inc.